浙江省社科联社科普及课题成果(23KPD19YB)

悦读丛书

# 宋韵

那般闲事儿

周群芳　钱仁　编著

浙江工商大学出版社 ｜ 杭州
ZHEJIANG GONGSHANG UNIVERSITY PRESS

图书在版编目（CIP）数据

宋韵那般闲事儿 / 周群芳，钱仁编著 . -- 杭州 ：
浙江工商大学出版社，2023.12
ISBN 978-7-5178-5570-5

Ⅰ．①宋… Ⅱ．①周… ②钱… Ⅲ．①文化史－中国
－宋代－通俗读物 Ⅳ．① K244.03-49

中国国家版本馆 CIP 数据核字（2023）第 130235 号

**宋韵那般闲事儿**
SONGYUN NABAN XIANSHIR
周群芳　钱仁 编著

| | | |
|---|---|---|
| **策划编辑** | 王黎明 | |
| **责任编辑** | 王　琼 | |
| **责任校对** | 夏湘娣 | |
| **封面设计** | 陈　鑫 | |
| **责任印制** | 包建辉 | |
| **出版发行** | 浙江工商大学出版社 | |
| | （杭州市教工路 198 号　邮政编码 310012） | |
| | （E-mail：zjgsupress@163.com） | |
| | （网址：http://www.zjgsupress.com） | |
| | 电话：0571-88904980，88831806（传真） | |
| **排　　版** | 杭州玄鸟文化传媒有限公司 | |
| **印　　刷** | 三河弘翰印务有限公司 | |
| **开　　本** | 710mm×1000mm　1/16 | |
| **印　　张** | 13.75 | |
| **字　　数** | 155 千 | |
| **版 印 次** | 2023 年 12 月第 1 版　2023 年 12 月第 1 次印刷 | |
| **书　　号** | ISBN 978-7-5178-5570-5 | |
| **定　　价** | 88.00 元 | |

# 序言

细雨斜风作晓寒，淡烟疏柳媚晴滩。入淮清洛渐漫漫。

雪沫乳花浮午盏，蓼茸蒿笋试春盘。人间有味是清欢。

这是苏东坡所作的《浣溪沙（细雨斜风作晓寒）》。在"人间有味是清欢"这一名句里，有人读到了人生的无奈，有人读到了青春进取的气息，其实字里行间蕴含更多的是对人生常态的体悟：人生有低谷，也有高潮，而平凡是常态，享受人生的清欢淡雅是常态。这种常态，是宋人的常态，也是宋韵的生动写照。

## 宋韵是什么

有人说，中国古代美学到宋代达到了最高峰；也有些西方学者说，宋代审美领先当时世界一千年有余，甚至认为西方的文艺复兴是从宋代汲取灵感并开启智慧的。谁都难以否认宋代瓷器、山水画、花鸟画里表现出来的超越时代的审美，但是那个文化与艺术鼎盛的时代，所留下的最珍贵的东西就只有这些吗？

宋韵美学从来不只是极简而已。宋代留给我们最宝贵的财富，并不是那些陈列在博物馆里的文物，也不仅仅是审美观，而是当时社会的时代精神。对文化、艺术、思想的包容，对知识群体的尊重，对民间社会的开明开放，这才是宋韵的真正意义和价值所在。

宋韵具有丰富的内涵，涵盖整个社会以及宋人生活的方方面面。世俗化、大众化、人文化、商业化是宋韵的核心价值，是宋文化被称为宋韵的鲜明特点，也是文化的生命力所在。从这个意义上讲，宋韵是穿透历史的，它具有丰富的现实价值。宋韵是中国的，也是世界的。

## 宋韵如何形成

《宋史》一书评价宋太祖赵匡胤的用人之道，说他"用天下之士人，以易武臣之任事者，故本朝以儒立国，而儒道之振，独优于前代"，可以说，重视文人和文化是整个宋代的国策。宋仁宗赵祯是中国历史上第一个以"仁"为庙号的皇帝，苏轼曾评价他说："仁宗皇帝在位四十二年，搜揽天下豪杰，不可胜数。既自以为股肱心膂，敬用其言，以致太平，而其任重道远者，又留以为三世子孙百年之用，至于今赖之。"正是在这样的政治环境下，范仲淹才能发出"先天下之忧而忧，后天下之乐而乐"的呼吁。因为，这些士大夫是真的把自己视为国家的栋梁，身担社会的重任，而不仅仅是皇帝的统治工具。士大夫群体不仅是社会的政治主体，也是国家的文化主体和精神主体。较之于以往的封建王朝，宋代的官僚阶层在整体上更加趋向士人化、学者化和审美化，士大夫本身就是兼通数艺、数技的艺术家，范仲淹、王安石、苏轼、司马光等人，除了是政治家外，个个都是大诗人、大词人，有些还是画家和音乐评论家。

在宋代，上层社会的儒者普遍对道家、佛家思想比较包容，宋代的理学实际上也杂糅了不少道家、佛家的思想，而宋徽宗赵佶更是对道家的学说推崇备至。无论是儒家思想，还是道家、佛家思想，其实都比较推崇一种返璞归真的自然之感。这点甚至体现在治国之道上，当时的官员会说"王者之治，至简而详，至约而博"，也就是说，在治理国家方面，他们也认同简约之道。

统治者对民间的控制相对宽松，使得这一时期的社会获得了较大的发展空间。《东京梦华录》记载，北宋汴京"夜市直至三更尽，才五更又复开张。耍闹去处，通晓不绝"，都市的繁华进一步推动了社会的世俗化。我们看看《清明上河图》里描绘的景象，大致就能想象出那种热闹与喧嚣的场景。而勾栏瓦肆和百戏艺术的活跃，自然极大地刺激了市民文艺的发展，比如当时产生了一系列新的艺术形式，像鼓子词、诸宫调、讲史、说经、杂剧、南戏、话本、风俗画等，可以说，中国的通俗性审美意识和艺术形式几乎都可以在宋代找到。


## 宋人必说韵

宋代社会作为一个有机的整体，是否存在一种共通的审美观念呢？或者说，有一种超越了雅与俗的审美特质呢？宋代美学除了把简淡自然的"雅"推到了高峰，同时也带有鲜活热闹的"俗"的一面。这与当时的商品经济和城市生活迅速发展密切相关。在宋代美学里，"韵"具有非常突出的地位，不管是文学家还是艺术家，关于"韵"的讨论非常多，比如黄庭坚就主张"凡书画当观韵"，那我们该怎么理解"韵"呢？"韵"作为一个美学范畴，最早是用来形容音乐的，比如我们常说的韵律。不过，从魏晋时期开始，"韵"逐渐被拓展为品评人物和书画的词汇，《世说新语》里有"风韵""神韵"等评语，谢赫提出的"六法"里，第一个就是"气韵生动"。

到了宋代，"韵"被进一步推广到一切艺术领域，并且成为艺术作品的最高审美标准。宋人对"韵"的解释有很多，其中比较有代表性的是一位叫范温的文学家，他说"有余意之谓韵"。那什么是"余意"呢？范温举了个例子，他说："大声已去，余音复来，悠扬婉转，声外之音。"用今天的话说，就是余音绕梁、回味无穷的感觉。所以，"韵"并不是特指某一种风格，而是所有风格的作品都可以具有的审美内涵，巧丽、雄伟、古典、富丽、深沉、稳健、清雅等风格的作品，都可以有"韵"。"韵"作为宋代美学的独特内涵，其实反映的正是一种开放、多元，且富有内涵的文化心态，也正是这样的文化心态成就了宋代的文化盛世。

2022年春节联欢晚会的《只此青绿》节目，再次让人们聚焦宋韵，回眸它的独特魅力，思考它对当今社会的现实意义。2015年11月16日，习近平主席在土耳其安塔利亚G20峰会工作午宴上就中国于2016年在杭州举办二十国集团领导人第十一次峰会，向国际友人介绍道："杭州和苏州风景如画，堪称人间天堂。杭州是历史文化名城，也是创新活力之城，相信2016年峰会将给大家呈现一种历史和现实交汇的独特韵味。"南宋定都杭州，因此浙江省将这"历史和现实交汇的独特韵味"落实为一个具体的意象：宋韵。宋韵，是我们中华传统文化的精华，也是我们国家走向未来、打造先进文化的必然选择。浙江省第十五次党代会提出实施"宋韵文化传世工程"，打造新时代文化艺术标识。

党的二十大报告，把坚定历史自信和推进文化自信自强放在非常突出的位置，使我们不断深挖、提炼中华优秀传统文化，持续打造优秀传统文化标识有了更大的动力。宋韵作为中华优秀传统文化的一种标识，理解挖掘其现实价值，非常有意义。

　　笔者以浅薄的思考，以些许的点去理解宋韵。陋者自知，哪怕穷尽一生，翻阅别人的著作，借鉴别人的智慧，也无法触摸宋韵的真正灵魂，领悟其根本内涵。但笔者还是期待与朋友们一起享受理解它的过程，抛本人的砖，引众生的玉。是为之记。

钱仁

（西山书院　院长）

2023 年 1 月 24 日

# 前言

　　"闲"有空闲、悠闲之意，在一定程度上体现了宋人的生活方式与状态，"闲"是能很生动地体现宋韵的。

　　宋人业余生活丰富，抚琴弈棋，看戏听歌，蹴鞠相扑，宴饮集会，踏春赏花，带雨种竹，汲泉煮茶，古鼎焚香。今日，点香插花、宋韵雅集、围炉煮茶等已成为人们放松心情、亲近自然、返璞归真的主动选择，深受年轻人追捧，这也是宋韵在当代的传承。

　　本书是宋韵的古今穿越，是对宋韵的遥相呼应、同频传承。本书选取了品茶、点香、插花、挂画等四般闲事来解码宋韵，还从蹴鞠、养生、钓鱼、宋瓷、诗词、歌赋等闲事去讲述宋代百姓的日常生活，将二十桩宋人闲事雅事，分成生活雅趣、闲情雅致、艺文雅韵、风物雅量四个专辑，分别解读宋韵的"闲"，为今人理解宋韵之理、传承宋韵之魂、体会宋韵之美提供参考。

　　我们期望通过《宋韵那般闲事儿》一书，不断挖掘宋韵文化和宋韵文明的现世价值，深刻认识浙江文化的历史底蕴，为浙江省推进共同富裕示范区建设，为弘扬中华优秀传统文化，为推进社会主义现代化强国建设贡献新的智慧与力量！

# 目录

第一辑 生活雅趣

# 品茶

开门七件事，柴米油盐酱醋茶。喝茶是一种生活方式，也是中华文明具有世界影响力的标志之一。

中国是茶的故乡，中国人发现并利用茶，可上溯至三皇五帝时代，距今数千年了。先秦《诗经》中就有茶的记载。西汉将茶的产地命名为"茶陵"，即今湖南的茶陵。东汉华佗的《食论》中记录了茶的医学价值："苦茶久食，益意思。"魏晋南北朝时期，玄学相当流行，大批名士文人盛行清谈之风，形成所谓"魏晋风度"，以茶代酒、附庸风雅成为时尚。

隋唐时期，随着经济文化的繁荣，陆羽的《茶经》系统地总结了唐代以及唐代以前茶叶生产、饮用的经验，提出了精行俭德的茶道精神，在历史上吹响了中华茶文化的号角。从此茶的精神渗透到了宫廷和社会中，深入中国的诗词、绘画、书法、宗教、医学各领域中，在历史长河中不断积淀而形成中国特有的茶文化。唐代茶文化盛行与禅教的兴起有关，因茶有提神益思、生津止渴功能，故寺庙崇尚饮茶，在寺院周围植茶树，制定茶礼、设茶堂、选茶头，专门主持茶事活动。在唐代形成的中国茶道分宫廷茶道、寺院茶礼、文人茶道。一些士大夫和文人雅士在饮茶过程中，创作了很多茶诗，在《全唐诗》中，就有100多位诗人的400多首茶诗，奠定了中国茶文化的基础。

宋代，点茶成为百姓日常生活的"四般闲事"之一，此时是中国茶文化发展的顶峰时期。史籍中记载"茶兴于唐，盛于宋"。王安石曾曰："夫茶之为民用，等于米盐，不可一日以无。"当时社会饮茶之风盛行，贵族、文人、士大夫，不但爱茶，还以诗文会茶；禅宗寺僧也煮饮，百姓竞相仿效，逐成风俗。这种茶饮风气的传承与扩大，促成了茶馆的兴盛与繁荣，茶馆成了人们休憩叙旧的好去处。

宋代饮茶如此流行，与皇帝对茶的热爱和推崇颇有关系。《大观茶论》为宋徽宗所作，书中写道："茶之为物，擅瓯闽之秀气，钟山川之灵禀，祛襟涤滞，致清导和，则非庸人孺子可得而知矣。"他认为茶是灵秀之物，饮茶能令人清醒和宁静，心静则心安。

宋代文人、士大夫大多一生离不开茶，为官及在野的岁月都是在评茶、品茶中度过的。宋代文人对茶非常重视，在宋徽宗《大观茶论》详论"啜英咀华"之前，北宋的文人学士已经写过很多茶诗，从欧阳修到陆游，人人都自视为行家，品茶评优，评茶鉴水。说到茶，不得不提蔡襄。

蔡襄，北宋名臣，书法家、文学家、茶学家，所作《茶录》约于1051年完成，分上下两篇。上篇名"茶论"，谈及茶的色、香、味，茶叶的贮藏方法，炙制、碾茶、筛茶方法，汤之增减及温茶盏的方法和点茶方法，共10个条目。下篇为"器论"，有茶焙、茶笼、茶碾、茶箩、茶盏、茶匙等9目。其倡导茶道，人人颂之，从此茶道更加繁荣昌盛。蔡襄在书法上造诣很高，为书法"宋四家"之一，擅长楷书，喜欢以茶道为题材的书法创作，《茶录》就是其书法作品中的精品。蔡襄在《茶录·后序》中记："臣皇祐中修起居注，奏事仁宗皇帝，屡承天问以建安贡茶并所以试茶之状。臣谓论茶虽禁中语，无事于密，造《茶录》二篇上进。后知福州，为掌书记窃去藏稿，不复能记。知怀安县樊纪购得之，遂以刊勒行于好事者……"

从这段文字中可以看出，《茶录》被人窃取之后，又为人购得，刻版流传于世。同时，《茶录》也是世界上最早的植物栽培学专著，被译成数十种外文流传于世界各地。所以，有人认为陆羽的《茶经》虽然先问世，拔了头筹，但他不过嗜好饮茶，研究茶道而已，而蔡襄不仅仅研究茶道，还是从事茶树品种改良及推广生产的茶学专家。

临安作为南宋都城，茶韵浓厚，流传至今。

## 点茶

在宋代，喝茶是件日常生活小事。上到皇亲国戚，下到贩夫走卒，无人不饮茶，大到四时节日，小到一日三餐，无时不饮茶。宋人对茶艺极为讲究。点茶，是宋代流行的饮茶方式，是宋代最典型的饮茶前事。"点"是给在茶碗里的茶末注水的动作。点茶，是冲泡茶末，一边注水冲点，一边用茶筅搅打，两者同时进行。点茶前，用沸水冲洗杯盏，预热饮具，以使"盏热而茶难冷，难冷而茶味不变"。宋代不再把茶末投入水中煎煮，而是放在茶盏中用开水冲注，再充分搅拌，待到呈现乳状，满碗出现细密的白色泡沫时，便可慢慢品饮了。

宋人点茶，还能在汤花上玩出花样来，在上面用茶匕勾出虫鱼花草，甚至诗词曲赋。宋徽宗赵佶的《大观茶论》记载了七汤点茶法："点茶有七汤，汤瓶注水，茶筅击拂，茶汤逐渐形成'疏星皎月''珠玑磊落''粟文蟹眼''轻云渐生''浚霭凝雪''乳点勃然'，最后'乳雾汹涌，溢盏而起'。"美丽的沫饽形成，尽显茶汤之美。南宋刘松年的《撵茶图》中呈现了点茶的各种用具：内置研磨好茶末的置盒、可能放烤炙过茶叶的盖罐、内置热水的熟盂、筛茶末用的茶箩等。

宋人将点茶视作生活中的闲兴雅趣，无论是在闲暇时小饮一杯，还是约上三两好友共同饮茶，都会使用点茶的形式品茶，点茶成为宋代人众多文娱活动中的一种。无论花样多么繁复，宋人品的还是茶艺后面的本味。茶本味，是好友共饮的悠闲，贵在平平淡淡，返璞归真，正如宋徽宗所说："平和淡洁，韵高致静。"最好的状态是茶淡如水，友情亦如水，不用太喧闹，三五好友悠闲自在地聊天即可。

作为两宋饮茶主流形式的点茶，是中国古代茶艺的代表之一，该茶艺后被传播到日本、韩国等地，对日本茶道和韩国茶礼产生了较大的影响。

## 斗茶

宋人喝茶，并不仅仅是为了解渴，更是对茶的美学鉴赏和把玩。关于斗茶的起源，有一种说法认为来自制茶者——茶人之间互相比谁的茶香，谁的茶味道好，慢慢就形成了斗茶的习俗。斗茶是一种集文化性、观赏性、趣味性、娱乐性于一体的活动，受到大众的喜爱。宋人以茶会友，斗茶为他们的日常生活添了很多闲情雅趣。

斗茶，即比赛茶的优劣，又名斗茗、茗战，始于唐，盛于宋，是古时候有钱有闲人的一种雅玩。斗茶的时节大多在清明前后，此时新茶初出，最适合参斗。宋时，一个完整的斗茶过程包括采茶、选茶、制茶、取水、碾茶、罗茶、候汤、熁盏、点茶等环节。其中，真正能较量各人手段的环节，通常是最后的几个步骤，即碾茶、罗茶、候汤、熁盏、点茶等。

宋代流行斗茶，讲究饮茶的技巧，对茶叶的加工、饮茶所用的茶具以及煎煮冲泡过程，都有十分严格的要求。斗茶强调的是"斗"字，要求斗茶者有精湛高超的点茶技巧。斗茶时，参加的人都要凝神静气、全神贯注，密切注意茶汤表面的细微变化。

宋代用的都是茶饼，如贡茶"龙凤团茶"饼，斗茶前先要把茶饼碾成茶末，然后用瓶煎水，接着调膏。所谓"调膏"，就是视茶盏大小，用勺挑上一定量的茶末放入茶盏，再注入瓶中的适量沸水调和，把茶末调至浓如膏油，以黏稠为度。"点茶"是斗茶过程中极为重要的一个环节，"点"就是把茶瓶里煎好的水注入茶盏中。注水时，动作要规范，落水点要准确。在落水的同时，还需要"击拂"，即搅拂茶汤，使用的工具便是茶筅。这时候，茶盏就会出现乳雾涌起，汤花紧贴盏壁。这种现象叫"咬盏"，汤花咬盏不易消散，是斗茶的理想效果。最后，就是品尝茶汤，茶汤以纯白为上，茶的色、香、味俱佳者，才是最后的胜者。

宋代斗茶，除要有精湛的技艺之外，对茶的选择、用水的选择也很讲究。茶品"以新为贵"，用水"以活为贵"，新茶配活水，相得益彰。

斗茶使人得到精神的调节和心理上的愉快感，从而感受到生活中的乐趣。

宋代著名文学家范仲淹写有《和章岷从事斗茶歌》，其中有两句云：

黄金碾畔绿尘飞，紫玉瓯心雪涛起。
斗茶味兮轻醍醐，斗茶香兮薄兰芷。

《和章岷从事斗茶歌》极其精彩地描述了人们斗茶时的情景和茗盏中上好茶汤的茶韵。

而在斗茶基础上发展出来的行茶令则是一种"品文斗茶"——先品文，后品茶，文茶交替的活动，别有一番情趣。后来，斗茶的内容有所扩充，除了斗茶品，又增加了行茶令、茶百戏两项。

行茶令，就是古人在斗茶的时候吟诗作对，内容皆与茶有关。斗茶，可以多人共斗，步骤繁多，赛制是三盘两胜，再加上茶有提神的功效，所以通宵比试的大有人在。

茶百戏实际是点茶的一种，又称分茶、水丹青、汤戏、茶戏等，是一种以研膏茶为原料，采用"下汤运匕"，即汤瓶注汤或用茶匙加水，用清水使茶汤变换图案的独特技艺。这种做法恰似现代人在咖啡上晃动着倒入奶泡拉花一样。茶百戏源于唐代，宋代发展到顶峰，成为一种文人推崇的文化活动。

茶百戏受到宋徽宗推崇。他不但喜欢谈论茶事，还会为臣下烹茗调茶，蔡京在《延福宫曲宴记》中记载了宣和二年（1120），徽宗延臣赐宴、表演分茶之事。宋徽宗先令近侍取来釉色青黑、饰有银光细纹状如兔毫的建窑贡瓷"兔毫盏"，然后亲自注汤击拂。待汤花浮于盏面，呈现疏星淡月之状，极富优雅清丽之韵时，宋徽宗非常得意地将茶分给诸臣并说道："这是我亲手施予的茶。"诸臣接过御茶顿首谢恩而后品饮。在宋徽宗眼里，烹茶煮茶是十分高尚的，并不妨碍其皇帝之尊严。

许多文人如陶谷、陆游、李清照、杨万里、苏轼都喜爱分茶，留下了许多描述分茶的诗文。陆游在《临安春雨初霁》中描述了分茶的情景：

"矮纸斜行闲作草，晴窗细乳戏分茶。"陶谷在《荈茗录》中记载："百茶戏……近世有下汤运匕，别施妙诀，使汤纹水脉成物象者，禽兽虫鱼花草之属，纤巧如画，但须臾即就散灭。"

茶百戏，能使茶汤汤花瞬间显示瑰丽多变的景象，如山水云雾、花鸟鱼虫，或如一幅幅水墨图画，但这需要较高的沏茶技艺。

蔡襄对茶道的倡导和参与，使得茶业蓬勃发展，斗茶之风盛行。《茶录》记载："茶色白，宜黑盏，建安所造绀黑，纹如兔毫，其坯微厚，煏之久热难冷，最为要用。出他处者，或薄或色紫，皆不及也。其青白盏，斗试家自不用。"他从实践经验中总结出黑茶盏用来斗茶最为适宜，设计制作了"兔毫盏"。宋徽宗赵佶也极为推崇"兔毫盏"。《大观茶论》中说："盏贵青黑，玉毫条达者为上。"这种茶盏，外饰细长的条状纹，条纹在黑釉的陪衬下闪烁出银光，状如兔毫，故称"兔毫盏"。黑瓷兔毫盏，瓷质厚重，古朴雅致，因而为喜爱斗茶的人们所珍爱。

以黑盏为贵之论与宋代斗茶的风俗是分不开的。宋人的斗茶要求茶色白，制茶时要专门把茶汁挤掉，这样就宜黑盏了，黑盏白汤，看上去历历分明，斗茶效果更加明显。宋代茶馆的茶具中最受欢迎的黑瓷茶盏并不产自五大名窑（浙江龙泉哥窑、浙江临安官窑、河南临汝汝窑、河北曲阳定窑、河南禹县钧窑），它们大多是福建建窑和江西吉州窑出产的。黑盏白汤，为斗茶增添了几分乐趣和雅致。

宋代的茶人大多是著名的文人，如林逋、范仲淹、欧阳修、王安石、梅尧臣、苏轼、苏辙、黄庭坚、徐铉、王禹偁等，这些第一流的文学艺术家同时也都是第一流的茶人。他们创作了大批茶诗、茶画、茶书法作品，

人在这一过程中完成情绪的放松。

　　古时文人尚雅，虽窗下清寒、朴素简陋，但在屋内围炉煮茶，看似闲情雅致，实则精神所归，正所谓"清风瘦骨逐暖意"。围炉煮茶可以说是一种古为今用的饮茶形式，既是对传统生活美学的致敬，又是当代茶文化多元发展的体现。

　　围炉煮茶，不仅形式上美，其本质也更为健康。一则自然原味的茶叶，想让它更加暖一些，就配上大枣或者姜片；想更润、更香一些，就配上陈皮；想更加复古一些，甚至可以放些葱和盐巴。这些食材与茶一起在水中翻滚一阵，便可以得到一杯令人身心愉悦的茶汤。

　　围炉煮茶不仅有怀旧感、复古风，还能凭借上佳的视觉效应，帮助年轻消费者品味雅致的传统文化。通过社交媒体的广泛传播，围炉煮茶的风潮还会进一步扩散，吸引更多人加入，成为全新的消费模式。对围炉煮茶等传统生活美学的复兴，应以积极乐观的心态看待，期待其推动社会审美进步，提升大众消费品位和精神享受。

# 喝酒

酒文化在中国源远流长，宋人喝酒也玩酒，居然把酒也搞出了一种属于宋人的韵味。

他们活得诗意优雅，又热气腾腾；他们带着无限的希望，努力耕耘；他们永远满腔热情，不自怨自艾；他们依心而动，热爱珍惜每一天，其中肯定也少不了喝酒。

宋人千年前已活成我们理想中的样子。

## 酒类丰富

在宋代重视饮酒的风气下，加上日渐提升的酿酒工艺，宋酒成为中国酒历史上集大成者：首先，全民皆酿，上至皇宫，中至官宦，下至百姓；其次，名酒奇多，颜色五彩斑斓，品种五花八门。

宋代的白酒和红酒跟现在完全不一样。宋代酒是用大米酿造的非蒸馏酒，之所以叫"白酒"，是因为酿酒时全用白曲，成品酒的颜色是白的；之所以叫"红酒"，是因为酿酒时添加了红曲，成品酒的颜色是红的。无论白酒还是红酒，都需用炭火烧烤，靠高温把酒液里的微生物杀死，把成品酒烧出浓浓的糊香味，延长其保质期，所以又叫作烧酒。这种烧酒也不是蒸馏酒，因为它只是高温杀菌，并不蒸馏提纯。南宋朱弁《曲洧旧闻》记载的当时各地名酒中，临安竹叶青被归类为白酒。南宋罗大经著有《红白酒》："酒有和劲，太守王元邃以白酒之和者、红酒之劲者，手自剂量，合二为一，杀以白灰，风味颇奇。"意思是说一个姓王的太守把白酒和红酒混到一起，加工出一种全新的"红白酒"。

宋人还会用葡萄酿酒。苏东坡年轻时在陕西做官时就酿过葡萄酒。他用葡萄和糖来酿造，不放酒曲，酿的是原汁葡萄酒，甜度很高，度数很低，不是干红，更非干白。

## 品名文艺

酒，是宋词中出现频率最高的意象之一，墨客骚人喜欢饮酒作诗，江湖侠客也喜以酒会客，酒与人们的生活有着极为密切的关系。酒既可以用来表达洒脱豪迈的胸襟，也可以用来表达黯然销魂的愁情别绪，可以说宋人把"酒以言志"推向了文化之巅。

荼蘼本是花名，在宋代曾辉煌一时，位居花中"一品"。其风头之盛甚至盖过牡丹和兰花，宋之后，又突然沉寂下来。宋人却以此为酒名，说明宋人的情趣文艺。南宋末年诗人王淇在《春暮游小园》中曾写道："一丛梅粉褪残妆，涂抹新红上海棠。开到荼蘼花事了，丝丝天棘出莓墙。"梅花零落，像少女卸去妆一样时，海棠花开了，它就像少女刚刚涂抹了新红一样艳丽。不多久，待荼蘼开花以后，一春的花事已告终结，唯有丝丝天棘又长出于莓墙之上了。很多人认为荼蘼是寂寞的，繁花过后春不再。人生又何尝不是如此？所以平平淡淡才是真。荼蘼酒这一品名，大概是宋人情趣文艺的典型体现了。

《武林旧事》卷六《诸色酒名》就列了一长串的酒名，"流香、银光、雪醅、龟峰、蔷薇露、琼花露、思堂春、蓬莱春、秦淮春、浮玉春、丰和春、皇都春、有美堂、中和堂、清白堂、元勋堂、真珠泉、潇洒泉、齐云清露、北府兵厨、第一江山、蓝桥风月"等。这些足以留给我们无限的想象与赞叹。

## 御酒难得

宋人对名酒近乎痴迷，如现在人们对茅台、五粮液等名酒的追捧一样。御酒，便是皇宫里的酒，在市场上很难见到。宋代极品美酒由指定处所酿造，专供皇家，绝不对外销售。宋代的宫廷酒也叫内中酒，比较著名的有：

蒲中酒。蒲中是指山西境内的蒲州，蒲州酒在北周时期就名扬天下，到隋唐时期经久不衰。

苏合香酒。北宋宫廷内的御用药酒。每一斗酒与一两苏合香丸同煮，能调五脏，祛腹中诸病。

鹿头酒。一般国宴快要结束时才启封呈上。

蔷薇露酒和流香酒。南宋皇帝的御用酒，皇帝庆寿时，宫中所供御酒称为蔷薇露酒，赐大臣的酒称为流香酒。

长春法酒。这是南宋理宗景定元年（1260）贾秋壑献给皇上的一种药酒，共用30多味名贵中药，采用冷浸法配制而成。

这些御酒极其珍贵，民间很难得到，宫内人如果偷卖，一经发现，则会被"刺配远恶州军牢城"。

## 斗酒风行

在宋代，市民文化兴起，生活气息浓厚，与汉唐相比，饮酒之风有过之而无不及，饮酒成为宋人生活不可或缺的一部分，逢各种节日当然要集体饮酒作乐一番。特别是在冬天，围炉取暖、饮酒聚会更是适逢其时。不但文人雅士、高官贵族饮酒，普通市民也热衷饮酒，还有了无酒不成席的风俗，连妇女也以饮酒为乐。宋代妇女在寒食、冬至、元旦（即正月初一）三大节日晚上，有结伴外出游玩、在饭馆饮食的习惯。史料记载，农历十一月初一，"民间皆置酒作暖炉会也"，宫中"遇雪即开筵"，赏雪时"羊羔儿酒以赐"。整个冬天好像除了喝酒作乐外，就没有其他要紧的事了。

酒文化大盛，文人间流行行酒令。我们熟知的苏东坡、欧阳修、辛弃疾、李清照等都是爱喝酒之人，可以说宋词的发展，与当时的行酒令是分不开的。欧阳修在《醉翁亭记》中写道："宴酣之乐，非丝非竹，射者中，弈者胜，觥筹交错，起坐而喧哗者，众宾欢也。"文人在"斗酒"中"斗才"，斗来斗去，斗出好诗好词，于是有了许多慢词、小曲等。还有许多词牌名，也在行酒文化里诞生了，如调笑令、天仙子、水调歌头、荷叶杯、醉公子、南乡子等。文人墨客爱饮酒赋诗，诗增添了饮酒之乐趣，而酒则舒扬了诗的精魂，酒酣复醒，作诗词以记之，如：

### 次韵徐应祺小楼

韩元吉

潋潋清波泊路衢，垂垂高柳对扶疏。

已知百尺楼堪卧，况有三重茅可居。

我老讵能赓鲍谢，君才端合绍严徐。

直须座上千钟酒，浇起胸中万卷书。

## 临江仙·夜归临皋

苏轼

夜饮东坡醒复醉，归来仿佛三更。家童鼻息已雷鸣。敲门都不应，倚杖听江声。

长恨此身非我有，何时忘却营营。夜阑风静縠纹平。小舟从此逝，江海寄余生。


## 精美酒器

饮酒成风之下，精美的酒器自然必不可少。两宋时期，中国酒文化发展到一个高峰，出现了琳琅满目、造型艺术性与实用性并存的酒器。宋代酒器整体形制秀雅端庄，简洁大方，精致而又有韵味。梅瓶、注子、温碗、台盏，构成了宋代酒器的基本组合。

梅瓶用来储藏酒，宴饮时倒入注子，经温碗温热后，再斟入台盏饮用。

不难发现，其中一个饮酒环节与今人饮酒习惯颇为不同，便是温酒。这首先要归因于宋人饮的酒多是黄酒一类的低度发酵酒，可以在火上烧，没有安全隐患。更主要的原因是，宋人认为饮热酒比冷酒更有益健康。《韩熙载夜宴图》《文会图》两幅画里面的桌面上，皆可见温酒身影。

温碗有两个功能。一为温酒用，即饮酒时将注子置于温碗内，倒入热水将酒温热，为了保持热度，温碗中的水当随时更换，《东京梦华录》《梦粱录》中都有关于宴席间不断"换汤"的记载。

另一种功能为防烫。饮用时，先将注子置于火炉上，但这样加热的酒会很烫，要等温度降下来方可入口，于是就需要一个碗来放置滚烫的注子，因此有学者认为温碗的作用主要是隔热，以便人们端起或挪动。

宋代注子多为莲花形。举世闻名的传世汝窑莲花式温碗，造型呈十曲莲花状，直口稍敛，圈足略高，内底同样留有五枚芝麻点状的支烧痕迹，原本应有一天青色的注子置于碗中，令后人产生无限遐想。

## "酒" 经考验

唐代的酒以浊酒为主，好酒不多。到了宋代，酒的品质有了极大的发展，有清酒和浊酒，有"大酒"和"小酒"之分。

酿酒技术在唐代普及和发展的基础上，到了宋代，得到进一步的普及和发展。一方面，手工业和商业的发展，使得汴京和临安等大都市空前繁荣起来，人们对酒的需求量大增；另一方面，粮食的丰足、酿酒业技术的成熟，使酒类品种增多，酒的质量提高，酒业的生产范围扩大。

宋代的酿酒业，上至宫廷，下至村寨，酿酒作坊星罗棋布，分布之广、数量之众，都是空前的。南宋创立了由户部主办、军队掌管的官方酒库。据文献记载，绍兴十年（1140），临安的官方酒库仅 10 多处，其中临安府的酒库由殿前司经营，其他地方的则由所在驻军掌管。10 年之后，殿前司就有近 70 处酒坊，其下设的分点更是无数。

酒业的发展，引起了众多文人的研究，并著文说酒。宋代关于专门酿酒的理论著作是历朝历代中最为丰富的，有苏轼《东坡酒经》、林洪《新丰酒经》、朱肱《北山酒经》三卷、李保《续北山酒经》、窦革《酒谱》、范成大《桂海酒志》等众多酒经。其中，《北山酒经》是宋代制曲酿酒工艺理论的代表作，是最系统、最完整、最有实践指导意义的酿酒著作。

《北山酒经》的作者，浙江吴兴人朱肱，是北宋年间的进士。他本人十分具有传奇色彩，懂医术，还精通酿酒，虽功名在身却又无意仕途，他的爱好全都放在研究医学和酿酒著书上。他平生救人无数，还专门著有治疗各种伤寒杂症的《活人书》，但在无数酿酒人看来，医书可有千千万，承前启后的酒书却只有《北山酒经》一本。书名中的北山即杭州西湖旁的北山，朱肱曾在杭州官方机构都酒务酿酒，有丰富的酿酒经验。全书分上、中、下三卷，上卷为总论，论酒的发展历史；中卷论制曲；下卷记造酒。它是中国古代较早全面、完整地论述酒的著述，全面系统地总结了自南北朝以来的制曲酿酒工艺方面的新贡献：制干酵、由人工从旧曲上选育菌种、加热灭菌法、运用酒母以及红曲的制作和广泛应用。图书刻成于大隐坊（在今杭州河坊街一带），书中记载的宋代黄酒生产的 13 道工序在江南得到很好的传承，其酿酒流程与现代黄酒的酿造流程区别不是很大，我们对比一下就可知：

宋代酿酒工序：卧浆→淘米→煎浆→汤米→蒸醋糜→用曲→合酵→酘米→蒸甜糜→酒器→上槽→收酒→煮酒。

现代黄酒生产过程：原料→精白、过筛→浸渍→蒸煮→配料（用曲）→前发酵→后发酵→压滤→澄清→杀菌→贮存→调配→过滤→装瓶→杀菌→成品。

至今，浙江仍是我国黄酒生产和消费的主要地区之一，这与宋代时打下的基础是分不开的。绍兴之名得于南宋，绍兴作为南宋之副都，又邻近杭州，受千年宋韵文化深深影响，也是其酒风极致之源。

## 酿酒仪式

宋代很注重酿酒的仪式感，每年酒酿好后的开缸即开坛出酒是一件很盛大的事情。

《东京梦华录》卷八记载："中秋节前，诸店皆卖新酒，重新结络门面彩楼，花头画竿、醉仙锦旆，市人争饮，至午未间，家家无酒，拽下望子。"到了要卖新酒时，北宋东京各个酒楼张灯结彩，各种新酒旗都挂上，街上的人抢着喝酒，快到中午时分酒便被喝光了。

到了南宋时期就更夸张了，比现在的广告营销宣传手段还夸张。《武林旧事》卷二里用"万人海"来形容当时的盛况："四月开煮，九月开清，至期侵晨，各库排列整肃，前往州府教场，同候占呈。首以三丈余高白布写'某库选到有名高手酒匠，酿造一色上等浓辣无比高酒，呈中第一'，谓之'布牌'，以大长竹挂起，三五人扶之而行。次以大鼓及乐官数辈，后以所呈样酒数担。次八仙道人，诸行社队。""杂剧百戏诸艺之外，又为鱼父习间，竹马出猎，八仙故事……所经之地，高楼邃阁，绣幕如云，累足骈望肩，真所谓'万人海'也。"

意思是说，在农历九月酒酿好了后，各酒库（官办酒坊）把酿好的酒整齐排列，然后送往各大酒馆，做一个三丈高的布幡，上面写着"某某酒库请有名的酿酒高手酿造的上等浓辣酒，评比第一名"，这个布幡（布牌）需要三五个人扶着走。后面跟着锣鼓队一路敲锣打鼓，一排人挑着新开封的酒，还有装扮成八仙的戏子一起游街。他们经过的地方满街都是围观的观众，人山人海。由此可见宋时酿酒以及喝酒的兴盛状况。

## 《水浒传》与酒

作为四大名著中"江湖气"的代表《水浒传》，以"酒"着笔，以"酒"为魂，以"酒"立纲，是一部活脱脱的酒文化史，可谓是最能体现我国酒文化的文学作品之一。

《水浒传》中的酒文化描写可谓丰富多彩，涵盖广阔。书中的每个章节都能够见到酒的身影。《水浒传》全书与"酒"有关的场景多达 647 处，"酒"这个关键词出现 2000 次之多，平均一回就有 5 处之多。如此规模的酒文化描写，在中国文学史上可谓是空前绝后、绝无仅有的。

也难怪有人感叹"阅读《水浒》三天醉，章章节节酒味浓"。《水浒传》中处处透露出浓浓的酒味，四处飘溢着美酒的香气。"把酒话英雄"，丰富多彩的酒文化描写，使得绿林好汉们的形象更为生动，也为这部佳作添色不少。

《水浒传》中描写同类人物性格的粗鲁，就有不同的表现。比如武松的粗鲁是勇武，李逵的粗鲁是豪爽，鲁智深的粗鲁是光明正直。他们的粗鲁都可以从喝酒的描写中发掘出来，如广为人知的武松醉酒后景阳冈打虎故事。在《水浒传》中武松是一位光彩照人的英雄，他武艺高强，打虎故事写出了他的英雄性格，而打虎又是由喝酒引起的。他看到"三碗不过冈"的招牌，强迫店家卖了他 18 碗酒，大碗喝酒写出了他的英雄本色。

上山以后，酒的力量发挥出来了才开始打虎，最终打了几十拳打死了老虎，表现了武松打虎时的勇武。不喝酒就不能打虎，也显示不出武松的英雄本色。后来醉打蒋门神则显示出武松与恶势力做斗争的英雄精神，这也是和酒有关联的。

《水浒传》中描写了很多酒的品种，从种类上来说，主要有浓薄、荤素之分。从浓薄上来看，有浓酒、薄酒之分。浓度较高的有透瓶香酒、蓝桥风月酒、玉壶春酒、御酒等。

《水浒传》中描写的酒的功能是多种多样的，主要有拜师、动员、赏赐、结交、入伙、酒礼、赏月、谢恩、招待、节日庆典、送行、赶路、解闷、贿赂公人、比武、庆贺、会友、以酒立誓、祭奠、接风、劝和、招安、赐死。

总之，《水浒传》中对酒的描写，使我们了解到了无数英雄人物形象和宋代的社会风俗，也更深刻地理解了作品的艺术魅力所在。

# 饮食

　　中华文化博大精深，饮食是其中重要的组成部分。宋代是中国历史上市井生活丰富多彩的一个时期，《东京梦华录》载："集四海之珍奇，皆归市易，会寰区之异味，悉在庖厨。"可见，当时已经形成了富有特色的饮食文化。

　　北宋是中原饮食文化的鼎盛时期，在中国饮食史上的地位显赫且特殊。《清明上河图》生动记录了汴京的繁盛与当时社会各阶层的生活状态，更对当时的饮食生活做出了大量细致的描绘。画面上大、小、贵、贱的店铺，有一半是与餐饮有关的，这些店铺沿河而建、因漕运而繁盛，既有达官贵人的玉盘珍馐，也有市井小民的粗茶淡饭，蕴含了十分丰富的饮食文化。

　　美国人尤金·N.安德森在《中国食物》一书中这样描述："宋朝时期，中国的农业和食物最后成形。食物生产更为合理化和科学化。中国伟大的烹调法也产生于宋朝。"只有到了宋代，才诞生了世界上最伟大的饮食文化。

　　宋代的肉禽、水产、蔬菜种类齐全，据陈达叟所编的《本心斋蔬食谱》记载，民间常用的蔬菜就多达20种，和今天市场上的蔬菜种类差不了多少。宋代形成了中国最早的菜系：南食、北食、川饭。烹、烧、烤、炒、爆、熘、煮、炖、腌、卤、蒸、腊、蜜、葱爆等复杂的烹饪技术，也是在宋代成熟起来的。

　　宋代之前铁质的锅极少，一般都是铜的或陶的，铁锅在宋代的普及和流行，极大地推动了饮食文化的大发展。宋代出现了"烹调"一词，即烹炒调制。陆游《种菜》诗云："菜把青青间药苗，豉香盐白自烹调。"从宋代开始，随着食材的日益丰富，人们从一日两餐变成了一日三餐。宋人从此将"不时不食，顺时而食"的理念落实在每天的生活里。

南宋期间，随着宋都南迁临安，汴京的各种餐馆都相应地在临安开设，许多烹调高手随着朝廷的南迁而进入新都临安，还有一些流落民间的御厨，把中原的烹调技艺带到了江南，南北饮食文化得到了空前的交流。到南宋末期，钱塘江畔的临安已发展成为有 124 万余人的当时的世界级大城市，其繁荣程度，大大胜于汴京。临安的著名酒楼，《武林旧事》一书就记述了 29 家，如和乐楼、和丰楼、中和楼、春风楼、太和楼、丰乐楼等。

"大抵诸酒肆瓦市，不以风雨寒暑，白昼通夜，骈阗如此。""各市井经纪之家，往往只于市街旋买饮食，不置家蔬。""处处各有茶坊、酒肆、面店、果子、油酱、食米、下饭鱼肉、鲞腊等铺。"这是宋人饮食日常的真实写照。无论哪个阶层的人，都能在饮食店里找到物美价廉的食品。

"食者，万物之始，人事之本。"烹饪美食之于中国人，从来不是简单的食材堆砌，而是在探索中去感知美食味道背后凝结的时人精神追求。宋人是从古至今最会吃的人，对吃的要求不只是饱，而是让吃食饱有诗意和韵味。

人生不过就是吃喝之间，生活的原味就在食物的美学里。"人间有味是清欢"，这是舌尖上的大宋，告诉我们最朴素的道理。对中国人来说，饮食，是口腹之欲，是舌尖享受，更是生活态度。

处于人生低谷，却能陶醉于做一道叫作"东坡肉"的菜，这是苏轼的生活态度；流连于山野雪地，只为寻找美味与烹饪的秘密，这是林洪的生活态度。

## 《山家清供》

林洪所著的《山家清供》是南宋时期最著名的饮食文化著作之一。林洪，字梦屏，福建泉州人。林洪本人多才多艺，能诗会画，而且精通饮食之道。他自称是"以梅为妻，以鹤为子"的北宋隐士林逋的七世孙，其性格清雅淡泊，喜结交文人雅士，留下了颇为后人称道的《山家清供》《山家清事》等著作。

《山家清供》书名本义是山野人家招待客人所用的清淡蔬食，"山家清供者，乡居粗茶淡饭之谓也"。书中记述了100多种宋代食物，大多数为朴素清淡的菜肴，涉及菜、羹、汤、饭、饼、粥、糕团、点心等，从原料的选取加工到烹饪，乃至风味独特之处都有细致的描述。作者亲自品尝，亲手烹饪，是难得的研究宋代饮食文化的第一手资料。比如"拨霞供"，把兔子肉切成薄片，用酒、酱、花椒等配料浸渍片刻，然后用筷子夹肉片，放到沸汤中摇摆几下至嫩熟，再蘸佐料吃食。此菜是一道别有风味的冬令佳肴，正是林洪在武夷山品尝过的美食，它的做法也正是今天我们习以为常的火锅的做法。

另外，《山家清供》还记录了数十种以花果为主要原料的食品，而这类食品虽然是古代素菜中别具风味的菜品，但在此以前很少被列入食谱，多数见于本草类的医书中。从医食同源的角度来看，《山家清供》非常看重食物的食疗功能，对于食物的养生价值颇为重视，不但多次引述《本草》

等药书的论述，而且在具体描述中也很重视其保健作用。

作为一个饱读诗书、追求高雅的文人，林洪还将每一道菜肴冠以雅称，并引用大量诗词歌赋来评析饮食之味。整本书涉及诗词的典故不下60个，让读者不仅感受到南宋文人饮食的清雅别致，还从中体会到饮食之意境悠远。从文学角度来看，《山家清供》也同样是一本别具一格的诗文之作。

## 《山家清供》（节选）

### 青精饭

青精饭，首以此，重谷也。按《本草》："南烛木，今名黑饭草，又名旱莲草。"即青精也。

采枝叶捣汁，浸上白好粳米，不拘多少，候一二时，蒸饭，曝干，坚而碧色，收贮。如用时，先用滚水量米数，煮一滚即成饭矣。用水不可多，亦不可少。久服益颜延年。仙方又有青精石饭，世未知石为何也。

按《本草》："用青石脂三斤、青粱米一斗，水浸三日，捣为丸，如李大，白汤送服一二丸，可不饥。"是知"石脂"也。

二法皆有据，第以山居供客，则当用前法。如欲效子房辟谷，当用后法。

每读杜诗，既曰："岂无青精饭，令我颜色好。"又曰："李侯金闺彦，脱身事幽讨。"当时才名如杜李，可谓切于爱君忧国矣。天乃不使之壮年以行其志，而使之俱有青精、瑶草之思，惜哉！

## 碧涧羹

芹，楚葵也，又名水英。有二种：荻芹取根，赤芹取叶与茎，俱可食。

二月、三月，作羹时采之，洗净，入汤焯过，取出，以苦酒研芝麻，入盐少许，与茴香渍之，可作菹。惟瀹而羹之者，既清而馨，犹碧涧然。

故杜甫有"青芹碧涧羹"之句。或者：芹，微草也，杜甫何取焉而诵咏之不暇？不思野人持此，犹欲以献于君者乎！

## 苜蓿盘

开元中，东宫官僚清淡，薛令之为左庶子，以诗自悼曰："朝日上团团，照见先生盘。盘中何所有？苜蓿长阑干。饭涩匙难滑，羹稀箸易宽。以此谋朝夕，何由保岁寒？"上幸东宫，因题其旁，曰"若嫌松桂寒，任逐桑榆暖"之句。令之皇恐，谢病归。

每诵此，未知为何物。偶同宋雪岩（伯仁）访郑墅（钥），见所种者，因得其种并法。其叶绿紫色，而茎长或丈余。采，用汤焯，油炒，姜、盐随意，羹、茹皆可。风味本不恶，令之何为厌苦如此？东宫官僚，当极一时之选，而唐世诸贤见于篇什，皆为左迁。令之寄思恐不在此盘。宾僚之选，至起"食无余"之叹，上之人乃讽以去，吁！薄矣。

## 考亭蔊

考亭先生每饮后，则以蔊菜供。蔊，一出于盱江，分于建阳；一生于严滩石上。公所供，盖建阳种，集有《蔊诗》可考。山谷孙崿，以沙卧蔊，食其苗，云："生临汀者尤佳。"

## 太守羹

梁蔡遵为吴兴守，不饮郡井，斋前自种白苋、紫茄，以为常饵。世之醉醲饱鲜，而怠于事者，视此得无愧乎！然茄、苋性俱微冷，必加芼姜为佳耳。

## 冰壶珍

太宗问苏易简曰："食品称珍，何者为最？"对曰："食无定味，适口者珍。臣心知齑汁美。"太宗笑问其故。曰："臣一夕酷寒，拥炉烧酒，痛饮大醉，拥以重衾。忽醒，渴甚，乘月中庭，见残雪中覆有齑盎。不暇呼童，掬雪盥手，满引数缶。臣此时自谓：上界仙厨，鸾脯凤脂，殆恐不及。屡欲作《冰壶先生传》记其事，未暇也。"太宗笑而然之。

后有问其方者，仆答曰："用清面菜汤浸以菜，止醉渴一味耳。或不然，请问之'冰壶先生'。"


# 鱼羊鲜

由于受到游牧民族文化和中医理论的影响，宋代的美食文化是"贵羊贱猪"，吃羊肉已经不仅仅是味觉上的享受，更是身份尊贵的象征。如唐慎微《重修政和经史证类备用本草》卷十七《羖羊角》所载："羊肉，味甘，大热，无毒。主缓中，字乳余疾，及头脑大风汗出，虚劳寒冷，补中益气，安心止惊。"此外，羊髓、羊肺、羊心、羊肾、羊骨等也是被宋人用作食疗、食补的东西。

据史书记载，宋代的御厨最多的时候一天要用掉1000斤羊肉，可见宫廷对于羊肉的需求量之大。民间自然少不了对宫廷的跟风，羊肉也就成为北方大部分地区的主要肉食。对于羊肉的膻味，宋代人也早有解决的方法，在宋代就有了用盐、姜、花椒等调味品，或是将鱼和羊一起炖等多种消除羊肉膻味的做法。宋代贵族吃的羊肉取自吃天然草料、喝优质水的羊，清炖羊肉也能香味四溢。

据《武林旧事》记载，淳熙六年（1179）三月十五日，宋高宗赵构登御舟闲游西湖，命内侍买湖中龟鱼放生，宣唤中有一卖鱼羹的妇人叫宋五嫂，自称是东京（今河南开封）人，南迁到此，在西湖边以制鱼羹为生。高宗命她做了鱼羹，十分赞赏，并念其年老，赐予金银绢匹。从此宋嫂鱼羹声名鹊起，富家名室争相购食，成了驰誉京城的名肴。当时曾有人作诗曰："一碗鱼羹值几钱，旧京遗制动天颜。时人信值来年市，半买君恩半买鲜。"宋嫂鱼羹至今已有800多年的历史，配料讲究，色泽金黄，鲜嫩滑润，故有"赛蟹羹"之称。

在宋代，鸡以蜀鸡、鲁鸡、荆鸡和越鸡为最，以鸡为菜，招待客人乃是佳肴之一。烹调方法以烧、烤、焙、蒸、卤、腌最为常见。黄金鸡在唐代已开始流行，备受称赞。诗人李白吃过此菜后，赋诗曰："堂上十分绿醑酒，盘中一味黄金鸡。"宋人常以此作为"家珍"招待贵客。

黄金鸡是流传于浙闽的一道宋代名菜，其色如黄金，故名。黄金鸡的制作方法是：用开水把鸡毛褪干净，加麻油、盐和水煮，放葱和花椒，等烧熟了切成丁块。原汁可另用。如再配上白酒，可体味到李白接到唐玄宗征召他入京时赋诗形容的"白酒新熟山中归，黄鸡啄黍秋正肥。呼童烹鸡酌白酒，儿女嬉笑牵人衣"的快乐。

## 东坡肉

"东坡肉"是一道名菜，国内外游客来杭州，必点此菜。它有嚼劲，油而不腻口，是宋代美食的代表。现在"东坡肉"的做法一般选用半肥半瘦的猪肉，切成约2寸许的方正形猪肉做食材，再配以葱末、白糖、绍兴黄酒、生姜、酱油等佐料。成菜后，薄皮嫩肉，色泽红亮，味醇汁浓，酥烂而形不碎，香糯而不腻口。

此菜的来历，与苏轼有关，"东坡肉"体现了苏轼对人生的豁达态度，他与百姓同甘共苦齐乐，展示了北宋士大夫知识分子官员的"仁治"执政理念。这正是宋仁宗时代推进形成的宋韵文化在饮食方面的演绎。

有关"东坡肉"的首次出现各地有争论，有黄州说、苏州说、永修说、杭州说。不管哪种说法，首先应该是产生在苏轼有了"东坡居士"称号之后。因反对新法、与新任宰相王安石政见不合而被贬，还经历了"乌台诗案"等，元丰三年（1080）二月一日，苏轼被贬到黄州任团练副使。他自己开荒种地，便自号"东坡居士"。在黄州期间，他亲自动手烹饪红烧肉并将经验写入"食猪肉诗"《猪肉颂》中："洗净铛，少着水，柴头罨烟焰不起。待他自熟莫催他，火候足时他自美。黄州好猪肉，价贱如泥土。贵者不肯食，贫者不解煮。早晨起来打两碗，饱得自家君莫管。"（《东坡续集》卷十）。把吃猪肉的事写成诗的第一人，非苏东坡莫属。应该说，苏东坡家里原来做的猪肉美食，不叫"东坡肉"，但自黄州开始，就叫"东坡肉"了。

团练副使这个职位相当低微，并无实权，苏东坡心情郁闷，以诗文寄情，曾多次到黄州城外的赤壁山游览，写下了《赤壁赋》《后赤壁赋》和《念奴娇·赤壁怀古》等千古名作，以此来寄托他谪居时的思想感情。

不过，相传苏轼在徐州任官时，他做的猪肉美食叫"回赠肉"。宋神宗熙宁十年（1077）四月，苏轼赴任徐州知州。七月七日，黄河在澶州曹村埽一带决口，至八月二十一日洪水围困徐州，水位竟高达二丈八尺。苏轼身先士卒，亲荷畚锸，率领禁军武卫营，和全城百姓抗洪筑堤保城。他们经过70多个昼夜的艰苦奋战，终于保住了徐州城。全城百姓无不欢欣鼓舞，为感谢这位领导有方、与徐州人民同呼吸共存亡的好知州，他们纷纷杀猪宰羊，担酒携菜上府慰劳。苏轼推辞不掉，收下后亲自指点家人制成红烧肉，又回赠给参加抗洪的百姓。百姓食后，都觉得此肉肥而不腻、酥香味美，一致称它为"回赠肉"。此后，"回赠肉"就在徐州一带流传，并成徐州传统名菜。这在《徐州文史资料》《徐州风物志》《徐州古今名馔》中都有记述。

把"东坡肉"名号发扬光大的，应该是苏轼在杭州任官的经历。杭州是北宋时代的江南重镇，经济文化发达。宋哲宗元祐四年（1089）一月三日，苏轼来到阔别15年的杭州任知州，这是苏轼第二次在杭州任官。元祐五年（1090）五六月间，浙西一带大雨不止，河湖泛滥，庄稼大片被淹。由于苏轼及早采取有效措施，浙西一带的人民度过了最困难的时期。他组织民工疏浚西湖，筑堤建桥，使西湖旧貌变新颜。杭州的老百姓很感谢苏轼做的这件好事，夸他是个贤明的父母官。听说他在徐州、黄州时最喜欢吃猪肉，于是到过年的时候，大家就抬猪担酒来给他拜年。苏轼收到后，便指点家人将肉切成方块，烧得红酥酥的，然后分送给参加疏浚西湖的民工们吃，大家吃后无不称奇，把他送来的肉亲切地称为"东坡肉"。当时杭州有家大菜馆，菜馆老板见人们夸说东坡肉好，就和厨师商量，也把肉切成方块，烧得红酥酥的，挂出"东坡肉"的牌子。牌子一挂出来，那家菜馆的生意就兴隆极了，从早到晚，顾客不断。每天杀十头大肥猪都不够卖。别的菜馆看得眼红，也都学着做了起来。一时间，大小菜馆家家都卖东坡肉。

苏东坡调任他处之后，杭州的老百姓忘不了他的好处，仍像过去一样赞扬他，把他在疏浚西湖时筑的堤称为"苏堤"，还把"东坡肉"推举为杭州第一道名菜。

## 小吃

宋代，人们逐渐摆脱了唐代粗犷的饮食风格，素食增多，胡化色彩减弱，饮食显得细腻精致。随着生产生活条件的提高，食物越来越丰富，宋人饮食结构有了重大的变化。宋代的小吃品种繁多，饮食继承了以往中国饮食文化的传统，又在此基础上不断衍生，比较有代表性的小吃有果子、包子和冰雪等。

果子是生果、干果、凉果、蜜饯、饼食的总称。市民对果子需求的增多促进了果子贩和果子行的发展。现今苏州古城的地名大都有典故，比如东美巷，它南起道前街，北至大石头巷，在宋代就是果子行集中地，所以也被人们称为果子巷。《东京梦华录》中出现的果子有水晶皂儿、生腌水木瓜、药木瓜、甘草冰雪凉水、荔枝膏、广芥瓜儿、杏片、梅子姜、芥辣瓜旋儿、细料馉饳儿、香糖果子、间道糖荔枝、越梅、锯刀紫苏膏、金丝党梅、香枨（橙）元等。

因为发酵技术的发展，街头出现了一些规模较大的面点作坊和面食店，节日点心和宴席点心也被广泛使用，在农历四月八日浴佛节这天，"唯州南清风楼最宜夏饮，初尝青杏，乍荐樱桃，时得佳宾，觥筹交作。是月茄瓠初出上市，东华门争先供进，一对可直三五十千者。时果则御桃、李子、金杏、林檎之类"。可见当时社会安定，人们有闲暇去庆祝节日和举办宴会。

宋代始有包子，包子铺和酒楼、茶铺一样多，表明包子已经很普遍了，在普通民众生活中处于重要地位。包子在《东京梦华录》中多次出现，如："街东车家炭，张家酒店，次则王楼山洞梅花包子、李家香铺、曹婆婆肉饼、李四分茶，街北薛家分茶。""王楼"是72家正店中的一家，制售"山洞梅花包子"。宋人喜欢吃包子，就连皇帝也不例外。"仁宗诞日，赐群臣包子。"

冰雪在宋代之前专属于权贵阶层，而在宋代，用冰雪制成的冷饮相当普遍。"冰雪惟旧宋门外两家最盛，悉用银器。""盖六月中别无时节，往往风亭水榭，峻宇高楼，雪槛冰盘，浮瓜沉李，流杯曲沼，苞鲊新荷，远迩笙歌，通夕而罢。"汴京市民并不把冰雪当成一件稀罕物，"冰雪凉水"在"巷陌路口，桥门市井皆卖"，可见冰雪的消费非常常见，伏天的解暑也不再困难。据《西湖老人繁胜录》记载，夏天，有钱的人家会在街头路边分发"散暑药冰水"。

这些小吃从不同侧面反映了宋代饮食文化对中国饮食文化发展的作用。中国饮食文化是在不断的变化、改进、吸收中发展的，宋代起到了承前启后的作用。宋代之后的饮食文化继承了宋代的传统，流传并发展至今。

# 康养

养生，就是指通过各种方法颐养生命、增强体质、预防疾病，从而达到延年益寿的一种医事活动。所谓养，即保养、调养、补养之意；所谓生，就是生命、生存、生长之意。总之，养生就是保养生命的意思。养生是以传统中医理论为指导，遵循阴阳五行生化收藏之变化规律，对人体进行科学调养，保持生命健康活力。

"人法地，地法天，天法道，道法自然。"中国人遵循天人合一、顺应自然的原理，以"顺时摄养"的原则，提出根据顺应四时、阴阳消长节律进行养生的观念，从而使人体生理活动与自然界变化的周期同步，保持机体内外环境的协调统一。

中国人注重养生的传统，源远流长，可上溯到三皇五帝时代。"神农尝百草"而作《神农本草经》；《黄帝内经》分《灵枢》《素问》两部分，是中国最早的医学典籍，详述阴阳五行学说；"伏羲创八卦"，周文王在此基础上著《周易》，包含了朴素的养生之道。古人历来喜欢追求长生不老之药，特别是皇帝当权者。秦始皇为了长生不老，派徐福出东海向东寻找长生不老药。西汉初年，由于当时的最高统治者大多热衷于追求长生不老之术，从而在客观上促进了养生文化的兴盛。到了唐代，丹药进补在皇室中已成为文化传统。自唐太宗开始，在唐代 21 帝中，迷恋金丹服饵术者至少有 11 人。两宋金元时期，中医学出现了流派争鸣的局面，涌现了陈直和金元四大家等一大批著名养生家。

宋代帝王对养生学十分关注，组织力量编写了《太平圣惠方》《圣济总录》之类的大型官修医书，从而大大促进了中医养生学沿着《黄帝内经》开创的思路继续向前发展，并形成了注重从发病学的角度探求养生规律和注重联系老年生理特征探求养生长寿之道的独有特色。

宋代的养生，与过去有了很大不同，更加注重修身养性、阴阳调和，养成好的生活方式，而不是一味追求灵丹妙药。宋人养生之道，至今还有很高的价值。宋代养生家周守忠在其所著的《养生类纂》总序中说："我命在我，不在于天；但愚人不能知此道为生命之要，所以致百病风邪者，皆立恣意极情，不知自惜，故虚损生也。修身之法，保身之道，因气养精，因精养神，神不离身，乃常健也。"宋代人一天的养生涵盖了生活的方方面面。

## 养睡

长沙马王堆一号汉墓出土的绣枕，出土时内填中草药佩兰，据说是迄今所见最早的保健药枕。宋代养生学家蒲虔贯对药枕方也有很深的研究。他在《养生要录》里介绍了药枕的许多功效：竹叶枕，清暑去热；荞麦皮枕，清热去火；菊花枕，清凉明目。陆游非常推崇菊花枕。20多岁时他写诗记录自己采集菊花做枕头："余年二十余，尚作菊枕诗。采菊缝枕囊，余香满室生。"他60多岁时想起20多岁时的经历，又写了一首《余年二十时尝作菊枕诗颇传于人今秋偶复采菊》："采得黄花作枕囊，曲屏深幌闷幽香。唤回四十三年梦，灯暗无人说断肠。"可见，陆游对菊花枕是真爱。

苏东坡在睡觉上颇有心得，讲究"先睡心，后睡眼"。有一回跟朋友详细地分享了他的入睡法则，最后还叮嘱一句"慎无以语人也"——千万不要告诉别人。他对睡的看重不亚于吃，简直是个"大可爱"。

"苏门入睡法则"第一步是安置四体，躺在床上以后一定要让身体感觉到放松安稳，如果有哪一处觉得不自在，就要调整，换个睡姿，垫个靠垫，总之一定要尊重身体的感觉，找到最舒适的状态。第二步，闭上眼睛听自己的呼吸，直到呼吸变得均匀平直，这时候要体察自己的内心，去除种种杂念。这样不到一顿饭工夫，四肢百骸无不通和顺畅，人渐渐进入梦乡。这样一觉之后，醒来神清气爽。在这个过程中，最重要的还是去除杂念。苏轼介绍完他的睡眠秘方后，特意向朋友强调"未有天君不严，而能圆通觉悟者也"。"天君"是心的代称，只有先把心态调整好了，杂念除干净了，才能顺利进入睡眠。心里搁着事儿，能睡着才怪。

"睡仙"陈抟（？—989），字图南，号扶摇子，赐号希夷先生，亳州真源（今河南省鹿邑县）人，一说普州崇龛（今重庆市潼南区西境）人，著有《太极图》。他是个大师级的人物，是寿星，跨越唐、五代到宋，据说活了119岁。他的长寿秘方，就是睡。他在《对御歌》中直截了当地写道："臣爱睡，臣爱睡。不卧毡，不盖被。片石枕头，蓑衣铺地。震雷掣电鬼神惊，臣当其时正酣睡。"

北宋著名思想家邵雍在《能寐吟》中通过自身经历分析睡不着的原因有5点，分别是大惊、大忧、大病、大喜、大安。因此，这位思想家总结，在睡眠前必须要先摈弃情绪波动带来的干扰，即先息心，才能睡好。

## 养气

"气"为人之本，流淌在生活的方方面面。我们的祖先指出："人之生，气之聚也。气聚则生，气壮则康，气衰则弱，气散则亡。"万事万物都是由气构成的，中医治病的原理就是治理能量，即所谓的"调气"。宋人在养气方面有自己独到而精辟的总结。

宋代养生大家陈直在《养老奉亲书》中总结出一套与"气"相关的"养生七诀"：少言语，养气血；戒色欲，养精气；薄滋味，养血气；咽津液，养脏气；莫嗔怒，养肝气；少思虑，养心气。他还在《养老奉亲书·饮食调治第一》中写道："主身者神，养气者精，养精者气，资气者食，食者生民之本，活人之事也。"意思是：精、气、神乃人身之三宝，而饮食则是它们的物质基础。为此，他建议老年人少吃多餐，使脾胃便于消化；食物宜温热熟软，切忌黏硬生冷。他还极力主张喝牛奶，并强调牛奶性平，能补血脉，益心气，长肌肉，从而使人康强润泽，老而不衰。

另外，王怀隐在《太平圣惠方·气治养老诸方》中也提到，"夫安身之本，必须于食……食能排邪安脏腑，怡神养性，以资血气"，向人介绍了好多种保健粥和馎饦。如枸杞粥、豆豉粥能治虚劳低热、体虚盗汗，酸枣仁粥能治失眠多梦；"治脾胃久冷气痫，瘦劣甚者，宜食猪肝馎饦"；"治脾胃气弱，不能饮食，四肢赢瘦，宜食羊肝馎饦"。所谓"馎饦"，是古人对馅饼的一种称谓。

## 食疗

两宋时期，一日三餐制才开始普及，因此通过饮食进补的方式也逐渐被老百姓所接受。中国的饮食文化十分注意"五谷为养，五果为助，五畜为益，五菜为充"，讲究的是根据时节进补特色时令食材，并且五谷并包、五味（酸甜苦辣咸）平衡，通过广纳食材达到均衡营养的目的。《东京梦华录》记载道："其岁时果瓜蔬茄新上市，并茄瓠之类新出，每对可直三五十千，诸阁争以贵价取之。"《鸡肋编》中也写道："京师卖生果，凡李子必摘其蒂……人方以新而为好。"可见，新鲜食物即便贵一些，也销路甚广。

蒲虔贯的《保生要录》中专门开辟了《论饮食门》以论述饮食方面的养生。他主张"饮食有节""先热后凉"。北宋著名文学家黄庭坚也强调饮食必须防止过贪、过嗔、过痴的三种过错，通过节制饮食达到健康养生的目的。

南宋文学家张耒在《明道杂志》中写道，他见过几位老者，都是吃得比较少，如内侍张茂则，每顿饭不过"粗饭一盏许，浓腻之物绝不向口"，平平安安地活了80多岁。张茂还经常劝人说："且少食，无大饱。"张耒还说王龙图吃包子，每顿饭不过吃上那么"一二枚耳"，结果也活了80多岁。

另据有关史料，当时大名鼎鼎的苏东坡、陆游等人都是"节食"的代表人物。陆游还在其《居室记》中说，他"食罢，行五七十步，然后解襟褫带，低枕而卧，此养生最急事也"。这和我们今天所说的"饭后百步走"，已有相似之处。除此之外，他们还认为生冷的食品应该少吃，特别是冬天不宜饮冷酒。喝酒时，应先将酒温一下。

宋人还注重饮食禁忌。如食黄颡鱼不可服荆芥，吃河豚后不可服风药，蜜和鲊不可同时吃，等等。相传，有位名叫魏几道的人在岳父家吃罢黄鱼羹，又采荆芥和茶而饮。不一会儿，就感到脚底板痒得钻心。于是，他光着脚在沙地中狂跑，脚上的皮肤全都磨破了，仍然不管用。幸亏得到了一剂解毒药，服后两三天，才止痒。《湖海新闻夷坚续志》上说，宋人认为"咸伤筋，醋伤骨，饱伤肺，饥伤气"，还流行"一日之忌，暮无饱食；一月之忌，晦无大醉"的说法。

随着宋代农业发展到全新的高度，小麦和水稻种植进入了标准化阶段，粮食作物种类繁多。热衷于养生的宋人开始对食物的养生功效进行了研究。他们将传统中医和烹饪相结合，使普通的食材与药物调和而形成的独特药膳文化在宋代风靡一时。苏东坡就对药膳颇有讲究，在《与程正辅书》中，他自述某次痔疮复发，不得不休粮断酒肉，忌酱菜盐酪好几天，可是一点也不见好转。于是，苏东坡开始查询医书药典，对着症状自制了芝麻茯苓面，食用后疗效甚好。

将药膳引入传统的粥文化也是宋代人的发明。宋代以前，中国人喝粥只在于充饥，而善于钻研的宋人将药膳等食材引入平淡无奇的米粥之中，使其具有了丰富的口感和养生功效。宋人吴自牧在其作品《梦粱录》中记载，当时的临安"冬天卖五味肉粥、七宝素粥，夏月卖义粥、馓子、豆子粥"。据后人考证，当时临安售卖的名粥有"七宝素粥、五味粥、粟米粥、糖豆粥、糖粥、糕粥、馓子粥、绿豆粥、肉盒粥"等。南宋文人陆游为了表达对粥的喜爱，还特地赋诗："世人个个学长年，不悟长年在目前。我得宛丘平易法，只将食粥致神仙。"

《山家清供》中也记载了一些粥的具体做法。比如将荼蘼花瓣放入加了甘草的热水中焯过之后，与粳米一起煮粥，制成的荼蘼花粥清香宜人。

另外还有苏东坡专门写诗记载的豆粥——用砂锅先将红豆煮烂，等煮米粥的水沸腾后，把煮烂的红豆加进去同煮，米熟后即成。

## 锻炼

蒲虔贯对养生之道颇有钻研，他认为古人养生"节目太繁，行者难之"，因此在鼓励人们坚持锻炼的同时又提倡适宜锻炼，不能过度。他还琢磨出了一套随时可以进行操练、肢体运动和自我按摩相结合的健身运动："小劳之术"。其功法大抵如下："手足欲时其屈伸，两臂欲左挽右如挽弓法，或两手双拓上下如拓石法，或双拳筑空，或手臂左右前后轻摆，或头顶左右顾，或腰胯左右转，时俯时仰，或两手相捉，细细捩如洗手法，或两手掌相摩令热，掩目摩面。"整套动作简单易行，能迅速达到舒展筋骨、畅通血脉、促进消化的功效。陆游对这套养生之法十分推崇，甚至还在《书意》诗中记载自己操练小劳术的趣事："整书拂几当闲嬉，时取曾孙竹马骑。故故小劳君会否？户枢流水即吾师。"

八段锦，是中国古代气功动功功法、中国传统保健功法，也是健体养生的修炼之法。八段锦最早出自《夷坚志》，作者为宋代著名文学家、笔记学家洪迈。洪迈（1123—1202），字景卢，号容斋，又号野处，南宋饶州鄱阳（今江西省鄱阳县）人，官至翰林院学士、资政大夫、端明殿学士、宰执、封魏郡开国公、光禄大夫，卒年80岁，谥"文敏"，主要作品有《容斋随笔》《夷坚志》。

在我国古老的导引术中，八段锦是流传最广、对导引术发展影响最大的一种。中国近代著名书法家于右任每天下午4时，就一直坚持练习八段锦，且取得了很好的健身效果。八段锦有坐八段锦、立八段锦之分，北八段锦

与南八段锦、文八段锦与武八段锦、少林八段锦与太极八段锦之别，在我
国深受知识分子和养生者的喜爱。

以钟离八段锦为例，来看看宋人养生健身之道。

### 钟离八段锦口诀

闭目冥心坐，握固静思神。

叩齿三十六，两手抱昆仑。

左右鸣天鼓，二十四度闻。

微摆撼天柱，赤龙搅水津。

漱津三十六，神水满口匀。

一口分三咽，龙行虎自奔。

闭气搓手热，背摩后精门。

尽此一口气，想火烧脐轮。

左右辘轳转，两脚放舒伸。

叉手双虚托，低头攀足频。

以候逆水上，再漱再吞津。

如此三度毕，神水九次吞。

咽下汩汩响，百脉自调匀。

河车搬运迄，发火遍烧身。

邪魔不敢近，梦寐不能昏。

寒暑不能入，灾病不能迍。

子后午前作，造化合乾坤。

循环次第转，八卦是良因。

## 日常调养

在宋代士大夫的养生观念中，知足常乐与淡泊名利是修心的重要方面。他们认为人只有超脱物外，才能获得内心的安宁。因此他们在养身养性中顺应自然，乐观豁达，并注重养成良好的生活习惯，即所谓"节慎在未病之前，而服药于已病之后"，强调防患于未然，注重日常调养。

《养生类纂·人事部》里就记载："早起，先以左、右手摩肩，次摩脚心，则无脚气之疾；或以热手摩面，则令人悦色；以手背揉眼，则明目。"同时，早上起床梳头千次，能使"五藏之气终岁流遍"，这也被后人称为神仙梳头法。

温革在其著作《琐碎录》里就记载："濯足而卧，四肢无冷疾。"认为在睡眠之前，用温水泡脚，也很有效果。穿衣服得法也能达到养生的目的。蒲虔贯在其所著的《保生要录》中提到，衣服厚薄，欲得随时合度，暑月不可全薄，寒时不可极温，其中甚至还包含着早期的辩证法思想。

## 刷牙

南宋嘉定年间，日本高僧道元禅师游历中国名山寺院，亲眼看到僧人每日都用牙刷刷牙："余于大宋国嘉定十六年癸未（1223）四月，首次到中国各山寺参观时，得知……僧侣们除漱口之外，尚用剪成寸余之马尾，植于牛角制成的器物上，用以刷洗牙齿。"道元禅师记录的信息透露，宋代僧人是用牛角制成刷柄（其实宋人也多用兽骨、竹木，一些贵族可能还用象牙制作的高端牙刷），植毛则用马尾毛。宋人周守忠著有一册《养生类纂》，里面也提到马尾毛牙刷："早起不可用刷牙子。恐根浮兼牙疏易摇，久之患牙痛。盖刷牙子皆是马尾为之，极有所损。"这一记载显示，至少有一部分宋人已养成每天早晨起床后用马尾毛牙刷洁齿的生活习惯，但周守忠反对这么做，因为他认为马尾毛比较硬，容易损伤牙齿。后来有一位元人写诗形容他使用的牙刷："短簪削成玳瑁轻，冰丝缀锁银鬃。"银鬃，即白色的马鬃毛，看来这时候牙刷已改植较柔软的马鬃毛。

成书于南宋绍兴年间的《小儿卫生总微论方》则提倡小朋友也要经常刷牙，左刷刷，右刷刷，因为勤于刷牙可以预防牙疾："小儿牙齿病者，……因恣食酸甘肥腻油面诸物，致有细粘渍着牙根，久不刷掺去之，亦发为痔宣烂，龈作臭气恶血。若风湿相搏，则为牙痛。"

来自吴自牧《梦粱录》中的内容，更是说明牙刷在南宋都城已经成为普通小商品，出现在大众市场中。《梦粱录》记录的"诸色杂货"罗列了诸多杭州市井常见的日用小商品，其中有木梳、篦子、刷子、刷牙子、减装、墨洗、漱盂子、冠梳、领抹、针线，以及各色麻线、鞋面、领子、脚带、粉心、合粉、胭脂、胶煤、托叶、坠纸等物。这里的"刷牙子"就是牙刷，跟木梳、篦子一样，是寻常的生活用品。南宋杭州还有"牙刷专卖店"。《梦粱录》收录了不少杭州的名牌商店名称，其中有"狮子巷口徐家纸札铺、凌家刷牙铺、观复丹室；保佑坊前孔家头巾铺、张卖食面店、张官人诸史子文籍铺、讷庵丹砂熟药铺、俞家七宝铺、张家元子铺；中瓦子前徐茂之家扇子铺、陈直翁药铺、梁道实药铺、张家豆儿水、钱家干果铺；金子巷口陈花脚面食店、傅官人刷牙铺"。这里的"凌家刷牙铺""傅官人刷牙铺"，都是专营牙刷小商品的名店。

宋人刷牙不但用上了牙刷，而且还有牙膏。宋代官修医书《圣济总录》

在《揩齿》一节还列出了27种揩齿药方，这些方子，就如今天的牙膏。宋代另一部官修医书《太平圣惠方》中有2条牙膏方子："柳枝、槐枝、桑枝煎水熬膏，人姜汁、细辛、芎穷末，每用擦牙；盐四两，烧过；杏仁一两，汤浸、去皮尖双仁，研成膏，每用揩齿甚佳。"可以看出牙膏既可以蘸在手指上擦牙，也可以抹在牙刷上使用。南宋医书《严氏济生方》记载，每日清晨以牙刷刷牙，皂角浓汁揩牙旬日数更，无一切齿疾，可见宋人平日是很注意牙齿的清洁与保健的。

北宋著名文学家苏轼就曾亲自配制过牙粉，他把松脂和茯苓晒干捣末，筛出细分装袋。刷牙时，先把一勺牙粉放在嘴里，喝口水，吐出，再刷牙。而宋代著名的科学家沈括也配制过牙粉，主要用料是苦参，刷牙时，在马尾巴牙刷上蘸上清水，撒上牙粉，再刷牙，类似于今人的刷牙方法。

宋代城市中还出现了"牙粉行"，即出售用中药配制的牙粉的商铺，可见牙粉已经成为当时寻常百姓家的日用商品。

此外，宋代还出现了专门替病人镶植义齿的牙医，当时叫作"种牙"。陆游有诗句写道："染须种牙笑人痴。"所谓"染须种牙"，大约便是流行于南宋的"美容术"，可以让一个人看起来年轻一些。在这首小诗中，陆游自注："近闻有医以补堕齿为业者。"确凿地表明至迟在陆游生活的那个时代，已经出现了以补植义齿为职业的牙医。

有一位陈姓牙医，由于医术高妙，还获得南宋大学者楼钥的赞赏："陈生术妙天下，凡齿有疾者，易之一新，才一举手，使人终身保编贝之美。"（《攻愧集》卷七九）编贝，指非常洁白、整齐的牙齿。清人的记载也可以佐证镶牙发端于宋，梁玉绳《白士集》称："今市肆有补齿铺，悬牌云镶牙如生，盖宋以来有之。"

宋人用什么材料补牙呢？有一种从唐代传下来的材料叫作"银膏"："用白锡和银箔及水银合成之，凝硬如银，堪补牙齿脱落。"（《新修本草》）这种银膏，非常接近现代牙科使用了很长时间的汞合金。此外，象牙、牛骨等，均可制成义齿。

## 陆游养生六法

陆游并非生来好体质，少时也曾体弱多病。在其50岁后的30余年间，他十分注重养生，终至长寿。"我疾多自愈，初非遇奇方。"比起有病乱投医，陆游更信奉身体的自愈力。他在74岁时回忆道："予少多疾恙，五十已遽衰。齿摇颔须白，萧然蒲柳姿。"79岁时他又说："禀赋本不强，四十已遽衰。药裹不离手，对酒盘无梨。"诗中说陆游小时候体质不佳，四五十岁时即显早衰之象，齿摇须白，身体瘦弱，药不离手，生冷水果也不敢吃，甚至常年卧病在床。

陆游活了86岁，其独特养生六法是：

常喝粥。"世人个个学长年，不悟长年在目前。我得宛丘平易法，只将食粥致神仙。"此诗句倡导食粥。粥甘淡、细腻，具有养胃生津之效。

多吃素。"自今师古训，念念贵清静。羔豚昔所美，放斥如远佞……"此诗说饮食，特别是老年人饮食，宜鲜洁清淡，以素食为佳，不可暴食。

养成良好的饮食起居习惯。"起居饮食每自省，常若严师畏友在我傍。"此诗以类比方法和自身体验说明，应注重饮食起居之调摄，养成良好习惯，树立自强自重之信念，可获得健康长寿。

注重睡眠质量。"华山道士如容见，不觅仙方觅睡方。"如果见到华山道士，陆游不愿学习修仙之法，却想学习其睡功，可见讲究睡眠乃养生大法。

勤锻炼。陆游一直注意锻炼身体，为此他坚持学五禽戏，学静坐，还坚持散步、出游等。"夜宿华严寺，人扶到上方。唤僧同看画，避佛旋移床。小雨不成雪，烈风还作霜。钟残灯渐暗，趺坐默焚香。"趺坐，不是一般的盘腿而坐，而是坐时右脚压在左大腿，左脚压在右大腿上，不经过一番苦练，是做不出这个动作的。可见陆游静坐功夫甚深。

戒怒善忍。"治心无他法，要使百念空。秋毫作其间，有若海飓风。飓风孰能止，三日力自穷。"一怒则如海上刮狂风，甚至三日不止，对身心损害极大。因此，他认为应该"万里静海氛，一望开天容"。他十分强调遇事戒怒，以忍为上："古言忍字似而非，独有痴顽二字奇。此是龟堂安乐法，大书铭座更何疑。"为此，他晚年自号"龟堂"，并将书斋命名为"龟堂"，还把"龟堂"二字书写出来，作为座右铭。

如此养生，让陆游在80岁高龄时尚能做一些诸如给菜园浇水、扫地之类的轻活。彼时他思维敏捷，记忆力也好。

第二辑 闲情雅致

# 宠猫

宠物猫与宠物狗的出现，是与社会有闲有钱阶层兴起有关的。唐代，小型观赏犬已经成了贵妇圈的宠物，周昉描绘唐代贵妇生活的《簪花仕女图》（辽宁省博物馆藏）中便画了两只小巧玲珑的宠物犬。这种小型观赏犬叫作"拂菻狗"，唐初从西域高昌传入，原产于拂菻（东罗马帝国），"高六寸，长尺余，性甚慧，能曳马衔烛"。

欧洲在文艺复兴之后，贵族中开始流行饲养宠物，后来这一风潮慢慢扩展至平民阶层。当一个社会有越来越多的人饲养宠物的时候，往往意味着这个社会走向市民化、世俗化了。

宠物猫在宋人生活中是常见的了。吴自牧《梦粱录》记载："猫，都人畜之捕鼠。有长毛，白黄色者称曰'狮猫'，不能捕鼠，以为美观，多府第贵官诸司人畜之，特见贵爱。"宋人将家猫分为两大类：捕鼠之猫、不捕之猫。猫不捕鼠而受主贵，谓宠物猫也。

## 为何宠猫

宋人为何如此宠猫，甚至成为一种风俗时尚，原因有三。

### 皇帝好之

猫的形象在壁画中出现，最早是在唐末。自宋代开始，猫的图像较频繁出现在富人墓葬中，到宋徽宗时期达到高峰，目前已发现18座墓葬壁画中有猫的图像。这些墓葬多集中在河南、山西、河北等地，墓葬时间则多集中在宋徽宗时期，墓葬类型多为仿木结构砖室墓，墓主皆为富裕的平民阶层。北宋时期，经济的发展，加之时代精神的转变，使得豢养猫逐渐成为社会时尚。最初猫还是"奢侈品"，只有达官贵人才有能力豢养，随着商品经济的繁荣，猫也出现在富裕的平民阶层家庭中。《东京梦华录》记载，相国寺"每月五次开放万姓交易，大三门上皆是飞禽猫犬之类，珍禽奇兽，无所不有"。《东京梦华录》是宋代孟元老的笔记体散记文，创作于宋靖康二年（1127），所记大多是宋徽宗崇宁到宣和年间（1102—1125）北宋都城汴京的情况。宋徽宗本人爱猫，他及他所倡导的宫廷画院的画师，画了许多以猫为题材的画，《猫蝶图》《富贵花狸》《猴猫图》等一批传世佳作由此诞生。

**猫可以护书**

中国古代印刷术，入宋后发展得极为成熟。特别是活字印刷术的发明加上朝廷养士从优，故雅好藏书的士大夫比比皆是。宋代文人皆爱宠猫，他们往往为书籍不为鼠害，故而养猫，且留下了许多猫诗。这里，列举几个知名文人及佳作。

大书法家、文学家黄庭坚，是个资深"铲屎官"。首先，他很喜欢用猫作为场景化的描绘，比如这首《寄清新二禅师颂》：

石公来研鼻端尘，无手人来斧凿亲。

白牯狸奴心即佛，铜睛虎眼主中宾。

再比如这首《再答并简康国兄弟四首》：

瞿昙不解祖师机，却许狸奴白牯知。

道人只要贫到骨，沈却黄金卖笊离。

梅尧臣所养的一只名为五白的猫死了，竟因而写了一首祭猫诗：

自有五白猫，鼠不侵我书。

今朝五白死，祭与饭与鱼。

送之于中河，呪尔非尔疏。

昔尔啮一鼠，衔鸣绕庭除。

欲使众鼠惊，意将清我庐。

一从登舟来，舟中同屋居。

糗粮虽甚薄，免食漏窃馀。

此实尔有勤，有勤胜鸡猪。

世人重驱驾，谓不如马驴。

已矣莫复论，为尔聊郁歔。

《猫虪传》是司马光为猫所立的传。这只猫名叫虪（shù），意思为黑老虎。虪在家里生活了将近20年，算是"猫瑞"了。它老的时候多病又不能捕鼠，但司马光不忍心弃养，仍喂食照顾。虪去世后，司马光将它埋在园里，并为之作传。司马光这份对猫的感情，令人动容，实不逊于他写的那阙《西江月》。

今人养猫，拍照发布即自称"猫奴"。宋人养猫，写诗立传，更见心血。

**猫有吉祥寓意**

正因为宠猫流行，猫逐渐成了美好事物的代表，有不少吉祥寓意，进一步促进了宠物猫的盛行于世。宋人的画作中，猫与蝶常常是一同出现的，猫的谐音为"耄"，指的是七八十岁的老人；蝶的谐音为"耋"，指的是八九十岁的老人。所以在宋代人画猫的作品中，别出心裁地把猫和蝴蝶结合在一起，有"耄耋"之意，以此表达人们祈求老人长寿的美好祝福。袁泉在《宋金墓葬"猫雀"题材考》中提到：窃脂小雀，盖取音"耆"也；则"猫雀"相合，实为以图载音，因声求义，故取义"耄耆"耳。"猫雀"暗指"耄耆"，用以比喻福寿延年。

据《宣和画谱》统计，宋代猫画艺术作品多达136件，宋人画作中的猫，或体现了贵族们悠游自在的闲情雅致，或体现了长寿、富贵、文雅、辟邪的文化意蕴。


## 怎么宠猫

宋人养猫，要用"聘"。亲戚、朋友、邻居家的母猫生了小猫，若想养一只，就要准备一份"聘礼"，上门"礼聘"回来。"聘礼"通常是一包红糖，或者一袋子盐，或者一尾鱼，用柳条穿着。黄庭坚有《乞猫》诗写道："闻道狸奴将数子，买鱼穿柳聘衔蝉。"陆游的一首《赠猫》诗也说："盐裹聘狸奴，常看戏座隅。"诗句中的"衔蝉""狸奴"，都是宋人对猫的昵称。在宋人的观念中，猫就如一名新过门的家庭成员。

宋人养猫，还创造了新商业。《东京梦华录》中记载，为满足当时庞大的宠物买卖和饲养需求，北宋城市中出现了专门的宠物市场，商店里有猫粮、狗粮出售，连宠物房、宠物美容都有了。

宋人还给自己饲养的猫儿起人性化的名字，跟今天人们养宠物一样。南宋诗人胡仲弓有一首《睡猫》诗写道："瓶吕斗粟鼠窃尽，床上狸奴睡不知。无奈家人犹爱护，买鱼和饭养如儿。"这正是宋人饲养宠物猫的生动写照。今天不少城市白领将猫当成儿子养，看来这种事儿宋代时已经出现了。

## 中国古代第一"猫奴"

### 中国古代第一"猫奴"是谁

中国古代第一"猫奴"当数陆游。这令人惊讶，陆游是著名爱国诗人，是养生专家，是不大不小的官员，居然也与宠猫连在一起，还获得了"猫奴"的称号。

作为一代大文豪，陆游写猫的诗词便多达12首，比如《嘲畜猫》《赠猫一二》《得猫于近村以雪儿名之戏为作诗》《赠粉鼻》《鼠屡败吾书偶得狸奴捕杀无虚日群鼠几空为赋》等。所以也就有了"自古猫奴看宋朝，宋朝猫奴看陆游"的说法。陆游一开始养猫只是为了整治老鼠。他好藏书，"吾室之内，俯仰四顾无非书者"，但老鼠却把他的书咬得一片狼藉。

**鼠败书**

食箪与果笾，攘取初不责。

侈然敢四出，乃至暴方册。

"你们偷食物和果脯也就算了，竟然敢大胆地出来糟蹋我的书。看我不养一只猫，端了你们的老窝。"于是陆游便养了一只小猫，还给它取了一个霸气的名字——小於菟，意思是小老虎。他有一首诗就是专门夸小於菟的，夸它憨态可爱，夸它机灵能干：

### 赠猫

盐裹聘狸奴，常看戏座隅。

时时醉薄荷，夜夜占氍毹。

鼠穴功方列，鱼餐赏岂无。

仍当立名字，唤作小於菟。

　　在陆游的诗作中，有名有姓的猫有三只，除了小於菟，还有雪儿、粉鼻。有关雪儿，陆游有这样一首诗：

### 得猫于近村以雪儿名之戏为作诗

似虎能缘木，如驹不伏辕。

但知空鼠穴，无意为鱼餐。

薄荷时时醉，氍毹夜夜温。

前生旧童子，伴我老山村。

　　看看这只可爱的小猫咪，以后能抓老鼠，还不是为了吃鱼？它上辈子一定是我身边的童子，这辈子会陪伴我在山村里度过一生。字里行间都是对小猫咪的喜爱。

当然对于粉鼻，陆游也是十分喜爱的，也曾作诗夸赞其勇猛，它连夜与老鼠"厮杀"，浴血奋战，保护家里的粮食。

### 赠粉鼻

连夕狸奴磔鼠频，怒髯嗔血护残囷。

问渠何似朱门里，日饱鱼餐睡锦茵？

陆游生命的最后20年，退居到了绍兴老家。虽然他自称不再踏入仕途，但仍想着收复失地。而这种落差和苦闷一直困扰着陆游。幸好，他还有酒喝，有猫"撸"。

### 冬日斋中即事

我老苦寂寥，谁与娱晨暮？

狸奴共茵席，鹿麂随杖屦。

当一个人喝完酒，坐着听雨时，陆游还会跟自己说：不要觉得自己孤单寂寞啊，你不是还有狸奴吗？

陆游80多岁时，主战派遭到沉重打击，眼看收复无望，他却依然立场坚定，意气轩昂。但病况反复，他连日卧床不起，不久后便与世长辞，享年85岁。不知他离开时，是否有狸奴陪在身侧？

## 名贵宠物猫

一是狮猫。明人田汝成的《西湖游览志》记述说:"桧女孙崇国夫人者,方六七岁,爱一狮猫。亡之,限令临安府访索。逮捕数百人,致猫百计,皆非也。乃图形百本,张茶、酒肆,竟不可得。"秦家丢了一只宠物猫,竟然出动临安府协助寻找,固然可以看出秦家权焰熏天、以权谋私,但一下子能找到百余只狮猫,倒也说明了在宋代临安城,养宠物猫的市民为数不少。最后不得已,当地官员通过关系送了一只金猫,哄崇国夫人开心,这才结束一场闹剧。

二是乾红猫。传说中的乾红猫,因为太名贵了,以致有奸诈之徒将普通的家猫染色,冒充乾红猫搞销售欺诈。南宋洪迈《夷坚志》中有一故事:"临安小巷民孙三者,一夫一妇,每旦携热肉出售,常戒其妻曰:'照管猫儿,都城并无此种,莫要教外闻见。若放出,必被人偷去,切须挂念。'日日申言不已,邻里未尝相往还,旦数闻其语,或云:想只是虎斑,旧时罕有,如今亦不足贵。一日,忽挟索出,到门,妻急抱回,见者皆骇。猫乾红深色,尾足毛须尽然,无不叹美。孙三归,痛棰其妻。已而浸浸达于内侍之耳,即遣人以直评买。孙拒之曰:我爱此猫如性命,岂能割舍?内侍求之甚力,竟以钱三百千取之。内侍得猫,不胜喜,欲调驯然安贴,乃以进入。已而色泽渐淡,才及半月,全成白猫。走访孙氏,既徙居矣。盖用染马缨绋之法,积日为伪。"

三是虎斑猫。上述故事还透露出另一条信息,孙三的邻居云"想只是虎斑,旧时罕有,如今亦不足贵",可知虎斑猫在宋代之前很罕见,但在宋代,已"不足贵",想来很多寻常市民都养这种宠物猫。李迪的《蜻蜓花狸图》(日本大阪市立美术馆藏)所画之猫,看样子就是一只虎斑猫,宋人又称其为"花狸"。

## 狸猫换太子

狸猫,是宋代的宠物猫中名品,居然也做了回决定皇位的"关键先生"。在古代小说《三侠五义》中,"狸猫换太子"的故事是非常有名的。

当然,小说并非正史,不足信。"狸猫换太子"的真实故事应该是:

宋真宗的皇后刘娥,没有生育儿子,但两人非常相爱,因为没有儿子,所以皇后地位不稳,王位继承是个大问题。于是两人商量,宋真宗与刘娥的侍女李氏发生关系并让其怀孕。而且,非常幸运的是,李氏生了个儿子,就是后来的宋仁宗。李氏虽然被封为婉仪,但由于出身低微,而且老实安静,不会以生子争宠邀功,因此,她生的儿子被皇后刘氏抱走进行抚养。因为李氏是侍女,所以对皇后十分敬畏,从不敢说出皇后抚养的孩子是自己所生的,直到李氏去世,宋仁宗也不知道自己的身世。大臣们对仁宗的身世也就不敢多言。

刘娥,历史上对她评价较高,甚至有人认为她与萧太后、武则天齐名,史籍对她的评语是"恩威皆浩荡"。她本人出身普通,但懂仁政,是宋真宗的贤内助,直至后来真宗皇帝让她参政。她坚持对内对外都要稳定发展的基本方针,不记前仇,任人唯贤,与反对她的寇准等大臣处理好关系,坚持廉洁节约,皇室要带头执行。在刘娥的影响下,丈夫真宗和"儿子"仁宗都不敢图享受,而是兢兢业业地做好治理天下的事情。例如,真宗宽仁慈爱并抵御北方外族入侵,保证了天下太平和经济发展。仁宗恭俭仁恕,有了旱灾、水灾,他立在殿下,为全国百姓祈祷。有一次,他晚上睡不着,饿了,很想吃羊肉。侍臣建议降旨破例索取。仁宗拒绝了,他说:"我那样做，大家仿效，夜夜宰羊，天下还得了吗？"有北方外族犯边，他能御之出境。

李氏去世，刘娥准备按照宫人（李氏是刘娥的侍从）等级送葬。知情老臣力谏说，李氏为真母，当用一品厚礼。刘娥大怒，吼道："休想拆散我们母子！"老臣表示，不用一品厚礼，愿以死说明真相。一时间，双方剑拔弩张，宫闱风云几乎酿成宫廷政变。经过反复心理斗争，刘娥终于觉悟，同意用一品厚礼送葬，自己能否继续当皇后，任凭发落。老臣们看见刘娥能以大局为重，战胜自己的权力欲，深受感动，对她敬重起来，不但支持她继续当皇后和垂帘听政，而且甘心为她保密。宫里有些人挑衅议论："李氏不过是个宫人，为何享有一品厚礼？如何要我等守法清廉？"那些老臣帮助刘娥说："李氏为皇上立过大功，你等有何功劳？"刘娥终于平安地化解了这场危机，地位愈加巩固了，跟仁宗一直保持着母子无间的亲密关系。

# 蹴鞠

天行健，君子以自强不息。中华民族自古就领悟到"生命在于运动"的真谛，并在数千年的生产活动、军事行动、礼仪教化、娱乐养生、节令民俗中逐渐演变出各种锻炼身心的活动。

蹴鞠，也叫踏鞠，"蹴"为踢，"鞠"为外包皮革的球，其实就是踢皮球的活动。根据《史记·苏秦列传》的记述，苏秦游说齐宣王时提到："临淄甚富而实，其民无不吹竽鼓瑟……六博踏鞠者。"可见此类活动远至先秦时期就已在民间蔚然成风，是中国最早的足球运动。

2004年，经国际足联实名认证，足球起源于春秋战国时期的齐鲁大地，那时叫蹴鞠。

两汉时期，蹴鞠因其强身健体、培养耐力等功能，而成为军事训练的一种方法，如班固就在《汉书·艺文志》中将传授蹴鞠技巧的《蹴鞠》25篇纳入兵书。

唐宋时期，在宽松的社会文化环境下，蹴鞠活动空前繁荣，于宋代达到鼎盛。唐宋时期，普遍流行清明时节蹴鞠的习俗。唐代王维的"蹴鞠屡过飞鸟上，秋千竞出垂杨里"（《寒食城东即事》）、杜甫的"十年蹴鞠将雏远，万里秋千习俗同"（《清明》），北宋陆游的"路入梁州似掌平，秋千蹴鞠趁清明"（《感旧四首末章盖思有以自广·其一》）及"寒食梁州十万家，秋千蹴鞠尚豪华"（《春晚感事·其二》）都将寒食、清明前后的蹴鞠习俗生动地记录了下来。唐代时，中国的竞技足球就达到很高的水平，《资治通鉴》等正史中记载过吐蕃与大唐"足球队"的友谊赛。宋代，随着市民阶层的崛起，足球运动空前繁荣，这是中国足球和世界足球的巅峰时期，足球也成了"国球"。彼时蹴鞠广泛流行，上至皇家贵胄、达官贵人，下至贩夫走卒、黄口稚儿，都以蹴鞠为乐，蹴鞠成为一项全民运动。宋人张舜民有诗写道："宝马嘶风车击毂，东市斗鸡西市鞠。"如果我们将"斗鸡"换成"相扑"，那么"东市相扑西市鞠"就是宋人的生活写照。

## 上层流行

蹴鞠首先在上层流行，可以说是官方通行的一项活动，主要原因是：

### 皇帝喜欢蹴鞠

宋代开国皇帝赵匡胤与兄弟赵光义都是蹴鞠的爱好者，他们蹴球的故事被北宋画师苏汉臣绘成《宋太祖蹴鞠图》。此图已佚失，另有宋末元初画家钱选的摹本传世，现藏于上海博物馆。宋太祖蹴鞠的故事还被宋代的"足球俱乐部"写成广告词传播："巧匠圆缝异样花。身轻体健实堪夸。能令公子精神爽，善诱王孙礼义加。宜富贵，逞奢华。一团和气遍天涯。宋祖昔日皆曾习，占断风流第一家。" 由此，宋代几乎历任皇帝都喜欢蹴鞠。

### "球星"入仕

"学而优则仕"，这是普通读书人进入士大夫阶层的最重要途径。而球踢得好，也可入仕拜相，这居然能在宋代实现，可以说是中国社会的奇迹，在某种程度上说明了蹴鞠在宋代的流行程度以及社会地位。当时，三位球星特别有名。高俅，《水浒传》称他"最是踢得好脚气毬，京师人口顺，不叫'高二'，却都叫他做'高毬'。后来发迹，便将气毬那字去了毛傍，添作立人，便改作姓高名俅"。高俅有"鸳鸯拐"绝技，即使用左右双脚的外脚背和内脚背轮流运球的特技动作，深得宋徽宗青睐，因球技高超而升任太尉。当然，历史上的高俅，原是苏轼的小史（书童），并非什么"浮浪破落户子弟"；也颇讲信义，虽说"恩幸无比，极其富贵，然不忘苏氏，每其子弟入都，则给养问恤甚勤"。要知道，当时苏轼的名字可是被列入"元祐党人"黑名单的，高俅能这么做，还真有点难能可贵。丁谓，因球艺过人而被宋真宗提为宰相。关于他的球技，司马光赞叹道，眼睛比雄鹰还要敏锐，身体比蟒蛇还要柔软，既可以带着球行走自如，还能把球跷在身后很长时间。柳三复，当时是一个秀才，为了能够早日当上大官，他苦练自己的球技，并且经常蹲在丁谓家附近，耐心等球飞出围墙。一天，丁谓把球踢出院外，等候多时的柳三复一记神脚将球夹住，这才进入了宰相府之中。他在叩拜宰相丁谓时，一边行礼，一边用身体的各个部位颠球，过了很久球都没有落到地上。要知道，在中国古代行跪拜礼的时候，想要边说话边让球不落地，那是一件多么困难的事情，这让丁谓十分吃惊。后通过丁谓引见，柳三复博得了宋真宗的欢心，最后混到了一个不错的官职。在士大夫阶层善于踢球的人也不少，如李邦彦等一批高官。

## 组织健全

### 国家队

宋代宫廷设有一支"皇家足球队"，分为左右军，通常在国宴中举行对抗赛、表演赛。如北宋"天宁节"（徽宗寿辰）御宴，饮到第六盏御酒时，"殿前旋立球门，约高三丈许，杂彩结络，留门一尺许"，球头苏述、孟宣分别率领皇家足球队左右军上场比赛，"胜者赐以银碗锦彩"，"不胜者球头吃鞭"。又如南宋乾道年间，朝廷接待金国使者的宴会节目安排是："凡使人到阙筵宴，凡用乐人三百人，百戏军七十人，筑球军三十二人，起立球门行人三十二人，旗鼓四十人，并下临安府差；相扑一十五人，于御前等子内差。"《武林旧事》还收录了南宋皇家足球队的一份首发名单："左军一十六人：球头张俊、跷球王怜、正挟朱选、头挟施泽、左竿网丁诠、右竿网张林、散立胡椿等；右军一十六人：球头李正、跷球朱珍、正挟朱选、副挟张宁、左竿网徐宾、右竿网王用、散立陈俊等。"

## 民间足球队

民间也以蹴鞠为乐，盛行蹴鞠之风，用宋话本《钱塘梦》的一句套话来形容：临安府"有三十六条花柳巷，七十二座管弦楼，更有一答闲田地，不是栽花蹴气毬"。喜欢踢球的市民还组建各种足球队，比如临安城内"有蹴鞠、打球、射水弩社，则非仕宦者为之，盖一等富室郎君、风流子弟与闲人所习也"。

## 国家足球协会

国家足球协会叫"齐云社"，又名"圆社"，组织全国性的足球大赛。之所以叫"圆社"，大概因为足球是圆的，但也包含有"天下圆""不拘贵贱"的精神。高俅初见端王，端王邀他"下场来踢一回耍"，高俅不敢，拜道："小的是何等样人，敢与恩王下脚！"端王道："这是齐云社，名为'天下圆'，但踢何伤。"根据《蹴鞠谱》的描述，齐云社的总负责人为"都部署"，下设"教正""社司"协助理事，"知宾"负责对外接待，"会干"

负责组织赛事，组织健全，分工明晰。齐云社的工作包括宣传蹴鞠文化，传授踢球技术，制定蹴鞠规则与礼仪，组织足球比赛，考核球员技术等级，等等。

### 全国联赛

每年，齐云社都要组织一届全国性的蹴鞠邀请赛，叫"山岳正赛"，类似于今日的"全国足球超级联赛"。宋人蹴球，通常有两种玩法，一种叫"白打"，不设球门，两个球队分别派出同样数目的球员（1人到10人均可），在场中轮流表演，以头、肩、背、膝、脚等身体部位顶球（绝对不允许用手），做出各种高难度动作，而球不落地。由裁判分别打分，技高一筹者胜。显然，"白打"强调的是技巧性与观赏性，有点类似于花样足球。另一种玩法叫"筑球"，更强调对抗性一些。球场中间会竖起一个大球门，高约3丈，宽约1丈，以彩带结网，只留出一个尺许见方的网眼，宋人称为"风流眼"。比赛双方各派出16人（少则7人），分着不同颜色的球衣，立于球门两边，分成左右军对垒。左军与右军均设"球头""跷球""正挟""头挟""左竿网""右竿网""散立"等角色，就如现代足球比赛中也有前锋、前腰、后腰、后卫、守门员等分工。每个球员按照自己的角色，站立于不同的位置，承担不同的任务。每场比赛还设有"部署""教正"，即正副裁判员。

参赛的球队需要缴纳一定费用，叫作"香金"，最后胜出者可获得奖品，叫作"球彩"。"山岳正赛"也是齐云社评定全国各球队技术等级的比赛，过关的球队可以获得一份认证证书，叫作"名旗"，"赢者得名旗下山，输者无旗下山"。这与现在足球的甲乙升降级比较相似。

宋人好赌，喜欢博足彩，为此齐云社制定了社规——"十禁戒"："戒多言，戒赌博，戒争斗，戒是非，戒傲慢，戒诡诈，戒猖狂，戒词讼，戒轻薄，戒酒色。"

## 民间流行

如果我们穿越历史，在冬至至元宵期间来到北宋开封府，将会看见：东京御街每日都有"击丸蹴踘、踏索上竿"等文娱表演。及至元宵节后收灯，东京人又纷纷"出城探春"，此时郊外园圃，"次第春容满野，暖律暄晴，万花争出，粉墙细柳斜笼，绮陌香轮暖辗，芳草如茵；骏骑骄嘶，杏花如绣，莺啼芳树，燕舞晴空，红妆按乐于宝榭层楼，白面行歌近画桥流水，举目则秋千巧笑，触处则蹴踘疏狂"，到处都是蹴球的红男绿女。暮春三四月，皇家林苑琼林苑对市民开放，园内亦有专供市民踢球的场所，"宴殿南面有横街，牙道柳径，乃都人击毬之所"。

南宋时的杭州，便有一家"黄尖嘴蹴球茶坊"，是"士大夫期朋约友会聚之处"；又有多家叫作"角球店"的酒肆，"零沽散卖"小酒，顾客可以在此一边饮酒、品茶，一边观赏足球表演、比赛；如果是春季，杭州名园"蒋苑使小圃"会安排蹴鞠表演，"以娱游客，衣冠士女，至者招邀杯酒"；西湖边，每日总有一帮少年人在"宽阔处踢球"；瓦舍勾栏里，更是天天都有商业性的蹴鞠表演，顾客只要掏钱买票，就可以入内观赏。临安瓦舍内蹴球最有名的几个明星，叫黄如意、范老儿、小孙、张明、蔡润，他们的名字被周密收入《武林旧事》的"诸色伎艺人"名单中。

元明小说《三遂平妖传》写道："话说大宋盛时，东京开封府汴州，花锦也似城池，城中有三十六里御街，二十八座城门，有三十六条花柳巷，七十二座管弦楼。若还有答闲田地，不是栽花蹴气毬。"虽然说得有些夸张，不过，东京与杭州的市民热衷于蹴鞠，却是实情。

在宋代的其他地方，蹴鞠运动也是风靡一时。陆游的诗歌就多次写到蹴鞠："乡村年少那知此，处处喧呼蹴鞠场"——这是乡村的蹴鞠；"蹴踘墙东一市哗，秋千楼外两旗斜"——这是城市的蹴鞠；"路入梁州似掌平，秋千蹴鞠趁清明""寒食梁州十万家，秋千蹴鞠尚豪华"——都是陆游在梁州看到的蹴鞠盛况。诗人少年时，还曾在咸阳观看过一场蹴鞠竞赛，场面更是热闹："少年骑马入咸阳，鹘似身轻蝶似狂。蹴鞠场边万人看，秋千旗下一春忙。"

从出土的宋代文物也可以看出宋人蹴球之盛。河北博物院藏有一件宋磁州窑"张家造"的"童子蹴鞠图"瓷枕，枕面图案为一名小童正在全神贯注地蹴球，看来宋时小朋友也喜欢蹴鞠；中国国家博物馆藏有一件宋代"蹴鞠纹铜镜"，镜背为一对男女年轻人对垒踢球的浮雕，可知当时女性也可以蹴球。

宋人赵文小词《凤凰台上忆吹箫》："疑是弓靴蹴鞠，刚一踢、误挂花间。"汪元量诗《张平章席上》："舞余燕玉锦缠头，又著红靴踢绣毬。"说的都是女子蹴鞠。司马光亦有小诗："东城丝网蹴红球，北里琼楼唱《石州》。堪笑迂儒书斋里，眼昏逼纸看蝇头。"那"蹴红球"的人，大约也是女子，她们唱歌、蹴鞠的青春活力，让躲在书斋里的诗人深为艳慕。

## 空心足球

蹴鞠的制球工艺逐步精进，宋代进而改为 12 片皮球，造型更圆更规矩，完成由实心球向充气球的转变，成为世界体育史上一项重大发明。

唐代的皮球为实心球，里面填充了羽毛，所以"球"字常写成"毬"字。宋人也沿用"毬"字，但此时已经普遍采用空心、充气的皮球："今世皮球中不置毛，而皆硝合皮革，待其缝硝已周，则遂吹气满之，气既充满，鞠遂圆实。""今所作牛夅胞，纳气而张之，则喜跳跃。"也就是说，宋代的皮球以牛或猪的膀胱为球芯，外面再包以外皮，外皮常用 12 瓣硝过的软牛皮缝合。几何学告诉我们，12 个五边形正好可以构成一个球形体。这样缝制出来的皮球便非常圆了，充气之后，弹跳力很好。

那宋人又是如何给皮球充气的呢？他们使用小型的鼓风机，叫作"打揎"。"打揎者，添气也。事虽易，而实难，不可太坚，坚则健色（即皮球）浮急，蹴之损力；不可太宽，宽则健色虚泛，蹴之不起；须用九分着气，乃为适中。"从球的形制来说，宋代皮球跟现代足球是非常接近的。

# 钓鱼

　　早在旧石器时代，中华先民们就已经懂得用骨制鱼钩钓鱼了，周代时有"姜太公钓鱼，愿者上钩"的传说。不过，这时候的钓鱼，是作为一种捕猎食物的方式出现的，并不是休闲的生活方式，性质跟捕鱼、打猎没有区别。到了物质比较丰富的时代，人们钓鱼虽然也是为了吃，但在性质上，钓鱼成了不带实用目的而纯粹追求乐趣的休闲生活方式。宋人钓鱼便呈现出了一些休闲特色。有的人会将钓上来的鱼放生，其实他们就是享受钓鱼的过程，与是否钓到鱼关系并不大。

　　宋代时，钓鱼已经成为一项十分普及的社会休闲活动。每年春季，君主都要邀请大臣赴后苑赏花钓鱼，这作为一项礼制固定下来，《宋史·礼志》载："雍熙二年四月二日，诏辅臣、三司使、翰林、枢密直学士、尚书省四品、两省五品以上、三馆学士，宴于后苑，赏花钓鱼，张乐赐饮。曲宴自此始……则岁为之。"北宋皇家林苑金明池春季对市民开放期间，也会推出"有偿钓鱼"的项目："池之西岸，亦无屋宇，但垂杨蘸水，烟草铺堤，游人稀少，多垂钓之士，必于池苑所买牌子，方许捕鱼。游人得鱼，倍其价买之，临水珪脍，以荐芳樽，乃一时佳味也。"1954年河北邢台曹演庄出土的北宋磁州窑白地黑花纹腰形枕（河北博物院藏），绘有童子垂钓图案，可见宋时垂钓之乐已深入寻常百姓家，妇稚亦以钓鱼为乐。

　　北宋邵雍《渔樵问对》中有一段这样的问答：

　　樵者问渔者曰：子以何道而得鱼？

曰：吾以六物具而得鱼。

曰：六物具也，岂由天乎？

曰：具六物而得鱼者，人也；具六物而所以得鱼者，非人也。

樵者未达，请问其方。

曰：六物者，竿也，纶也，浮也，沉也，钩也，饵也，一不具，则鱼不可得。然而六物具而不得鱼者，非人也，六物具而不得鱼者有焉，未有六物不具而得鱼者也。是知具六物者，人也。得鱼与不得鱼，天也，六物不具而不得鱼者，非天也，人也。

邵雍是哲学家，他写《渔樵问对》是为了表达蕴藏于天地万物之中的奥妙哲理，交代了宋代钓具必备的 6 个部件：竿、纶、浮、沉、钩、饵。纶即丝线，浮即浮子，沉即钓坠。宋人将他们的渔具形象地称为"钓车"，其实和我们现在的海竿差不多。实际上唐代已出现了钓车，我们在浩如烟海的唐诗中可以找寻到一些歌咏钓车的诗篇，如皮日休的《奉和鲁望渔具十五咏·钓车》："得乐湖海志，不厌华轴小。月中抛一声，惊起滩上鸟。"写出了海上夜钓时使用钓车的动作特点：抛。钓车的杆子不长但线长，为了能够将鱼饵甩到更远的区域，就要用力地将鱼饵抛出去才行。只要力气足够大，鱼线足够长，就可以随心所欲，将鱼饵抛向池塘的任何地方，不局限于单一狭小的水域。陆龟蒙的《渔具寺·钓车》也提到了钓车的使用技巧："溪上持只轮，溪边指茅屋。闲乘风水便，敢议朱丹毂。高多倚衡惧，下有折轴速。曷若载逍遥，归来卧云族。"

不过钓车在唐诗中出现的次数比较少，钓车的应用在宋代更为普及。黄庭坚的《题花光画山水》，写的是江湖隐逸的钓车："花光寺下对云沙，欲把轻舟小钓车。更看道人烟雨笔，乱峰深处是吾家。"李新的《渔父曲》，写的则是江海渔翁的钓车："黄蓑老翁守钓车，卖鱼得钱还酒家。醉中乘潮过别浦，睡起不知船在沙。"杨万里的《过宝应县新开湖》则描述了用钓车垂钓的情景："两双钓船相对行，钓车自转不须萦。车停不转船停处，特地萦车手不停。"读着这首诗，大概能想象出钓鱼的场景：两艘相对而行的钓船，船上的垂钓者两两相望，只需调整钓车的方向，各自默契地钓自己的鱼，等到鱼儿上钩了才停下船只，双手转动绕线轮。

宋代沈括撰写的《洞天游录》"渔竿"条目载："江上一蓑，钓为乐事。钓用轮竿，竿用紫竹，轮不欲大，竿不宜长，但丝长则可钓耳。豫章有丛竹，其节长又直，为竿最佳。竿长七八尺，敲针作钩，所谓'一勾擎动沧浪月，钓出千秋万古心'，是乐志也，意不在鱼。或于红蓼滩头，或在青林古岸，或值西风扑面，或教飞雪打头，于是披蓑顶笠，执竿烟水，俨在米芾《寒江独钓图》中，比之严陵渭水，不亦高哉。"

日本东京国立博物馆收藏的南宋马远《寒江独钓图》，画一渔翁坐一小舟中，垂钓于江上。那渔翁手中所执钓竿，正是带绕线轮的钓车，竿很短，线很长，可抛到很远的水域。宋代画家工写实，钓竿的绕线轮画得非常清楚，为六辐条木制小转轮。我们还可以清晰地看出，渔翁的钓竿还设有两个过线环，一个位于线轮前方，另一个位于钓竿尖端。整具钓车的造型、功能、工作原理都跟今天的抛竿没什么两样，只不过现代钓具的工艺更加精致、复杂，材质更为先进而已。

宋人能熟练地使用钓车，说明当时人们制造钓车的技术已经十分成熟了，这时钓鱼也成为一种带有娱乐性质的活动。宋代的小孩子闲来无事的时候，也喜欢拿着一根普通的钓竿，去池塘边享受钓鱼的乐趣。

# 相扑

现在，相扑是日本的国技，地位之高，无出其右。殊不知，相扑却是于唐朝从我国传入日本的。

相扑是我国古代一种类似摔跤的体育活动，主要通过力量的较量，用非常简单的人体相搏的方式来决出胜负，是一项有着悠久历史的传统体育项目。它在中国古代几千年的历史中，早期作为军事训练的重要内容。它在秦汉时期叫"角抵"，晋代到南宋时期叫"相扑"，唐时逐渐在民间兴起，到宋时，从上到下，宫廷和民间都流行，甚至被称为"国技"。

司马迁在《史记·黄帝本纪》中记载："蚩尤氏头有角，与黄帝头，以角抵人，今冀州为蚩尤戏。"将"角抵"与黄帝战蚩尤的传说联系起来，这就足够说明它的历史漫长。《史记》又记载："'秦二世在甘泉宫，作乐角抵。'注云：'战国时增讲武，以为戏乐相夸，角其材力以相抵斗，两两相当也。汉武帝好之。'"《汉武帝故事》曰："角抵，昔六国时所造。"

到了唐代，相扑、角抵两名称并行，其特点还是赛力性的竞技，且多在军中进行。角抵与击球在唐代并列为两项最受欢迎的运动娱乐项目，角抵往往作为压轴戏放在盛大节日的最后进行表演。《旧唐书·敬宗本纪》引《续文献通考·百戏散乐》云："角力戏，壮力裸袒相搏而角胜负。每群戏毕，左右军擂大鼓而引之。"可见其声势。唐代还在宫廷中专门设了摔跤队，取名"相扑朋"，供皇室观赏。唐《因话录》载："文宗将有事南郊，礼前，有司进相扑人。上曰：我方清斋，岂合观此事！左右曰：旧例皆有，已在门外祗候。"可见唐代相扑久已有之。

到宋代，"角抵"一词才专指摔跤一类活动。吴自牧《梦粱录·角抵》云："角抵者，相扑之异名也，又谓之争交。"高承《事物纪原·博弈嬉戏·角抵》："今相扑也。"东京、临安等城市的瓦舍勾栏内，每天都有商业性的相扑表演，临安还有全国性的相扑大赛，登台竞技的相扑手来自各州郡，都是各地选拔出来的好手。

瓦舍勾栏里演出的节目很多，但最火爆的应数女子相扑。宋仁宗曾出宫到市井街头专门欣赏女子相扑，看完还不过瘾。于是他命人将那些女子相扑运动员领进宫，在宫里每天定时上演相扑比赛，只表演给他一个人欣赏，表演完便赏赐银绢给相扑手们。宋仁宗看过瘾了，却让大臣司马光看不下去了。他认为女子相扑是有伤风化的东西，宋仁宗将她们叫进宫，是在传播低俗思想。于是他递了一道《论上元令妇人相扑状》的折子给宋仁宗，对"妇人裸戏于前"的相扑大加讨伐，并且建议严加禁止："令妇人不得于街市以此聚众为戏。"看来女子相扑还是受群众欢迎的项目，但司马光的奏状并没有生效。直到南宋，在首都临安城内，女子相扑依然流行。当时坊间出现赛关索、嚣三娘、黑四姐等一批女相扑竞技高手，《武林旧事》中称她们为"女飙"，指其招数变幻难测，身法疾速如风，可见当时的相扑技巧也发展到了极高的阶段。

《东京梦华录》记载，宋代宫廷御用之相扑手，乃御前卫队左右军士，名为"内等子"。可见南宋时朝廷内设有一支名叫"内等子"的专业相扑队伍，这支皇家相扑队共120人，隶属于御前忠佐军引见司，是负责供奉便殿的禁卫。

皇家相扑队的人员都是经过比赛、从御前诸军中选拔出来的，个个都是体魄健壮的大力士。其中优秀的队员，皇帝会当场赏赐银绢，成绩特别优异的，还可能被提升为管押人员，或者分派到各地道、州、郡担任营军头。在宋理宗景定年间，一名叫韩福的相扑手，就因为在大赛中"胜得头赏"而被朝廷看中，被特别提拔为"军佐"。

除了充当皇家卫队以及为地方培养军官，南宋这支官方相扑队更重要的任务其实是"遇圣节御宴大朝会，用左右军相扑"，也就是在宫廷饮宴的时候表演相扑比赛。《东京梦华录》在"天宁节"条目中记载："第九盏御酒慢曲子……左右军相扑。宴退，臣僚皆簪花归私第。"可见，相扑是宫廷宴会娱乐的压轴节目。南宋诗人杨万里还曾为此节目赋诗一首："广场妙戏斗程材，未得天颜一笑开。角抵罢时还宴罢，卷班出殿戴花回。"

宋代相扑极为流行，相扑表演由宫廷权贵的宴会中，普及到平民游乐场所和庙会上，成为一般市民喜爱的项目。在南宋首都临安，除了皇帝大开宴会时有官军表演的大型集体相扑外，在平民游乐场所和庙会上都有相扑表演，民间还有相扑的专业性伎艺团体，名叫"角抵社"（周密《武林旧事》卷三）。当时在护国寺南高峰露台上，就有各地来的高手互相比赛。《梦粱录》："若论护国寺南高峰露台争交，须择诸道州郡膂力高强、天下无对者，方可夺其赏。如头赏者，旗帐、银杯、彩缎、锦袄、官会、马匹而已。"《武林旧事》所录当时角抵名手有王侥大、张关索、撞倒山、王急快等共44人之多。值得一提的是，女子相扑时的装束也和男子差不多，也是肢体裸露的，这对当时的封建礼教是一种大胆的冲击。

古代为维持秩序，一直严禁夜生活，俗称"宵禁"。即使在开放包容的大唐，也实行严格的里坊制，把城市分割为若干封闭的"里"作为居住区，商业与手工业则限制在一些定时开闭的"市"中，全城实行宵禁。

唐《宫卫令》规定：每天晚上擂响 600 下"闭门鼓"，早上五更后擂响 400 下"开门鼓"。凡是在"闭门鼓"后、"开门鼓"前在城里大街上流窜的，触犯"犯夜"罪，笞打 20 下。

但到了宋代，里坊制被打破，"宵禁"变得十分宽松，人们夜间想出去"浪"的心，被彻底打开。于是，有了夜生活的聪慧的宋代人民，创造出不少好玩的点子，玩出了新高度。夜市里，宋人最喜欢看的节目就是相扑项目。

《水浒传》除了跌宕起伏的剧情外，还记载着很多关于相扑的内容。在《水浒传》第七十四回中，描写了两大相扑高手浪子燕青以及擎天柱任原精彩纷呈的相扑大战。燕青以小搏大，靠步法与任原周旋，"燕青却抢将入去，用右手扭住任原，探左手插入任原交裆，用肩胛顶住他胸脯，把任原直托将起来，头重脚轻，借力便旋四五旋，旋到献台边，叫一声'下去！'，把任原头在下脚在上，直撺下献台来。这一技巧又唤做'鹁鸽旋'，数万香客看了，齐声喝彩！"这寥寥几字，却将燕青相扑之术的精巧表现得淋漓尽致，这一连串灵巧的抢、扭、探、顶、托、旋等动作，完美展现了宋代相扑运动的主要特点。

# 插花

中国历来有爱花的传统，清供一枝花，花品与人的品行也要一致。文人素雅，会选择梅花和莲花，显得清淡雅静；富人多选牡丹，因为牡丹花开富贵；"采菊东篱下"，隐士多供菊花。春秋战国时期，中国民间就有男女互赠花束以表思念、传递情意的花事活动。《诗经》记载："维士与女，伊其相谑，赠之以芍药。"至唐代，花艺进入黄金时代，以花祈福，佛前供花，是古代礼佛中最重要的环节。到了宋代，插花艺术得到普及，"点茶、挂画、插花、焚香"不仅仅作为"文人四艺"广泛流行于文人雅集活动中，而且也广泛流行于民间。宋人插花，不只清供欣赏。宋人明白，插花是看花开花落的过程，当下那一刻看的是平淡的美。太焦虑，便任凭时间平白流逝；太心急，便享受不了当下的美。宋人插花如交友，花经常化作媒介和大众的知音，给人以情感寄托。

## 宫廷插花

宋代的宫廷插花，不仅沿袭唐、五代的奢华之风，而且有了很大的发展和创新。南宋周密在《武林旧事》中记载宫廷插花："至于钟美堂赏大花为极盛。"其中"大花"指牡丹。《武林旧事》记载皇宫内插花事宜："禁中赏花非一。先期后苑及修内司分任排办……至春暮，则稽古堂、会瀛堂赏琼花，静侣亭、紫笑净香亭采兰挑笋，则春事已在绿阴芳草间矣。"赏花、插花由专门部门负责，且这类活动一年中举行多次，反映出插花在宋代宫廷中十分重要。

宋代宫廷插花按照使用的环境和目的，可分为两大类：礼俗插花与雅事插花。礼俗插花主要用于节日庆典活动，以及日常的宫殿装饰；而雅事插花则多出现在文人雅聚、书斋斯文等场所。这两类插花，不论是所用花器，还是选用花材，均有极大的差别。

当然宋人的插花还讲究季节时令，这在南宋画家李嵩的《花篮图》系列中就得以体现。《花篮图·夏》中以大朵蜀葵为主花，栀子花、石榴花、含笑花、萱草为辅花，整体色调素净典雅，如同夏日里的一汪清泉。而《花篮图·冬》中的花卉色调更为艳丽，红山茶、白水仙、蜡梅等花朵搭配绿叶依次绽放，让人们在寒冬里感受春天的灿烂美好。

宋代社会，插花成为时尚潮流，皇室就是潮流的引导者。每逢花季，临安后苑都要"妆点一新"，"间列碾玉、水晶、金壶及大食玻璃、官窑等瓶，各簇奇品，如姚魏御衣、黄照殿红之类几千朵，别以银箔间贴大斛，分种数千百窠，分列四面。至于梁栋窗户间，亦以湘筒贮花，鳞次簇插，何翅万朵"。用名贵的器皿簇插珍品牡丹等鲜花，陈列于宫禁，供人观赏。

洛阳是北宋时最著名的花都，牡丹盛开之时，地方政府会举办"万花会"（插花展览）。张邦基《墨庄漫录》说："西京牡丹闻名天下，花盛时，太守作万花会。宴集之所，以花为屏障，至梁栋柱栱，以筒储水，簇花钉挂，举目皆花。""芍药为天下冠"，花开之季，扬州太守也会办"万花会"。

士大夫更是以插花为尚。许多宋诗都写到宋代士大夫的插花时尚，如高翥的《春日杂兴》："多插瓶花供宴坐，为渠消受一春闲。"苏辙的《戏题菊花》："春初种菊助盘蔬，秋晚开花插酒壶。"杨万里的《赋瓶里梅花》："胆样银瓶玉样梅，此枝折得未全开。为怜落莫空山里，唤入诗人几案来。"

## 大众流行

宋代经济繁荣，文化艺术迅速发展，插花艺术也获得普及与进步，举国上下插花之风亦然盛行。欧阳修《洛阳牡丹记》有载："洛阳之俗，大抵好花；春时，城中无贵贱皆插花，虽负担者亦然。"每到春天，洛阳都要举行盛大的花会和插花比赛，热闹非凡。《梦粱录》则这样记录当时的市井："插四时花，挂名人画，装点门面。"

民间的花事亦盛，种花售花更为普遍，赏花更是处处有景。古都洛阳是当之无愧的赏花之都，早在五代时期，洛阳就被列入"天下九福"的花福，是一年四季赏花的好去处。除了洛阳，扬州、苏州、临安等地也都是赏花胜地。宋代的张约斋还在《赏心乐事》一文中列举了五六十处不同月份赏花的佳地，同时囊括了很多当地的民俗，这若放在当今，也是一份相当详细的出游宝典。

爱花赏花之余，民间更是兴起了文人为花作谱的风气。此种风气直接受五代时期《花经》的影响，但着眼更加细致深刻，往往就某一种花卉做研究，列举其品种，按其优劣排列品第，并就其栽培方法加以解说。现存的花谱很多，执笔多为当时的名人，如欧阳修的《洛阳牡丹记》、范成大的《范村梅谱》、王贵学的《王氏兰谱》、刘蒙的《菊谱》，可以说形成了我国花卉培植技术上的一种分类体系。范成大在《范村梅谱》中，对梅花的选择和品赏最为精辟，书中说："梅以韵胜，以格高，故以横、斜、疏、瘦，与老枝陉奇者为贵。"这经验之谈也成为中国古典插花艺术的准则。

商家都喜欢用插花来装点门面，美化环境。《梦粱录》记述说："汴京熟食借，张挂名画，所以勾引观者，留连良客。今杭城茶肆亦如之，插四时花，挂名人画，装点门面。"即便是简陋的路边小店也以插花为装饰，杨万里就有这样一首诗："路旁野店两三家，清晓无汤况有茶。道是渠侬不好事，青瓷瓶插紫薇花。"

在南宋，卖花已经成为专有的行业。《都城纪胜》之《诸行》里说："市肆谓之'行'者，因官府科索而得此名，不以其物小大，但合充用者，皆置为行，……又有名为'团'者，如城南之花团，……大抵都下万物所聚，如官巷之花行，所聚花朵、冠梳、钗环、领抹，极其工巧，古所无也。"《西湖老人繁盛录·诸行市》中也记有"花朵市"，京都"四百十四行"也有这一行。此外，还有"赁花檐子"可能是租赁临时的花木摆设的专门店铺，其中有盆花，也应该有瓶花。


## 花瓶花器

养花、插花，讲究的是天人合一的宇宙生命之融合，在有生命的植物与无生命的器皿间，造化天地无穷之奥妙，来体验生命的鲜活与灿烂。

据说用瓶来插花起源于南北朝时期，之所以被国人喜爱，是因"瓶"代表平安、吉祥。名花如美人，须有好瓶配。宋人把花瓶运用到了极致，梅瓶和玉壶春瓶是其中杰出代表。这两种瓶子就像一对"孪生姐妹"，它们最早都属于酒器，在古人聚餐宴饮的时候，常常形影不离。并且，无论是烧造时间还是流行时间都基本相同，最早出现在唐代，玉壶春瓶的造型从唐代寺院里的净水瓶演变而来，定型于北宋。在宋代，它们从酒器转变为花瓶。现在，梅瓶和玉壶春瓶仍广泛流行于中国的花瓶艺术中。

为何叫梅瓶？普遍的说法是因为瓶口小，适合插梅花，所以叫梅瓶。

为何叫玉壶春瓶？《水浒传》第三十七回"及时雨会神行太保，黑旋风斗浪里白条"讲："酒保取过两樽玉壶春酒，此是江州有名的上色好酒。"可见，玉壶春是一种酒的名字。北宋词作家曹元庞所著《临江仙》中有这样的描述："青琐窗深红兽暖，灯前共倒金尊，数枝梅浸玉壶春……"这为玉壶春瓶作为插花器使用提供了一种可能。所以，玉壶春最早是宋代的一种酒，后来以酒来命名瓶的名字。在宋代，陶瓷的器形几乎包括了人们日常生活用器的大部分，碗、盘、壶、罐、盒、炉、枕、砚等，其中最为多见的是玉壶春瓶。玉壶春瓶以其清素淡雅、纯净细腻的美学特点，成为当之无愧的"宋瓷女神"。

## 理念花

宋代插花的风格，与过去有了很大的不同，真正开启了插理念花。宋代理学，以洛派（程颢、程颐兄弟）与闽派（朱熹）为代表，亦称程朱理学。他们深入研究道学，以道家《易经》为主，提出太极、阴阳、天人合一，讲求"天理"与"人心"，并与儒家"三纲五常"相结合，讲求"天心"与"伦理"等新儒家哲学思想，普受宋代参政者的认同，从而影响了中国文化艺术与插花艺术。在理学的庇荫下，插花作品往往藏有作者的宏图意愿，重视"善"的高雅之情，其间或可借以解说教义，或阐述教理，或暗射人格，或述说宇宙哲理等。以理为表，以意为里，一般来说内容重于形式，如萱花与苍柏便有"鲜霞舞金凤，翠云蟠赤虬，百仞见枝叶，八千为春秋"的理念在其中。宋代理念花形成了东方插花的特质——形神兼备，其插作技巧以"比"（因物喻志）出之，以象征的手法创造出里重于表、优美、古典的插花作品。最早的花篮图出现于宋代，李嵩的《花篮图》是典型的隆盛院体花，结构繁复，造型自然又整体归一，花枝穿插错落，疏密有致，构图色彩均衡。

宋代插花风格不再像唐代那样平铺、直叙、适情、适性，素材以松、柏、竹、梅、兰、桂、山茶、水仙等品格高雅的花材为主，不着花的枝叶也在取材范围内。插花风格不偏重色彩，在花、枝、叶的结构上以"清"为精神之所在，"疏"为意念之依归，注重线条机能，作品脉络分明，神圣雅洁，调理有序，如苏汉臣《靓妆仕女图》桌案上的水仙瓶花就是典型的宋代理念花形式的插花作品。水仙花在宋代有雅客之称，插在瓶子里正如黄庭坚诗所称："含香体素欲倾城，善卷是弟梅是兄，坐对真成被花恼，出门一笑大江横。"

第三辑　艺文雅韵

# 书画

　　宋人在书法绘画艺术上的成就无与伦比。提到宋代的画和画家，就必须提宋徽宗。宋徽宗是中国历史上最才华横溢、最富艺术气质的皇帝之一，在艺术方面可谓一代宗师。他天资聪颖，酷好艺术，工书善画，能诗擅词，精通音律，在金石考古、制瓷饮茶、医学养生方面也有深入的研究。尤其在绘画书法方面，更是表现出出色的才华。元汤垕在《画鉴》中赞道："历代帝王能画者，至徽宗可谓尽意。"其在位期间主持编纂《宣和书谱》《宣和画谱》等合集，对宫廷收藏品进行了系统的整理，这些书籍、器物成了后世研究宋代书画艺术史的珍贵史料。

　　五代到宋末这一时期，绘画发展速度很快，同时带动了绘画工具和材料的变化。五代之前，古人使用最多的是天然墨——石墨。宋代完善了制作松烟墨的工艺，松烟墨的产量和质量都得到了很大提升，书画的表现力也得到大大加强。宋代出现了双丝绢，尤其是北宋画院形成后，细致繁密的画风成为其时风尚，因此对画纸、画绢就有了进一步的要求。宋人在唐人制作熟绢的基础上增加了捶洗、轧蜡、上浆等工序，制造出了细密、柔韧的熟绢及双丝绢。双丝绢是经线两根一组，间隔一丝空隙，纬线单丝，纬、经交织时一沉两浮，也有人说只有两沉两浮才是双丝绢。《千里江山图》全图就是使用整匹绢制成的，画芯和后跋的材料一致，都是双丝绢。画芯在厚涂色的作用下保持了经纬丝的平直性状，跋的用料比画芯稍差。

　　书法艺术历数千载之演进，在宋代也达到了一个高峰。与宋代山水画一样，宋代书法形成了独特的审美趣味与美学特色：不满足于追求事物的外在形似，而要表达出内在风神，作品不过是通过笔墨表达书法家主观心意灵气的形式。在书法美学理论上，文艺韵味、意境、情趣的讲究，成了宋代书法美学的中心。

论及书法，有"晋尚韵，唐尚法，宋尚意"之说。"尚意"是指书法家在作品中张扬个性，表达性情，不受法度拘束，任由感情自然流露，纵横驰骋。宋代书法，不是简单否定唐人，也不是简单回归晋人，禅宗的"心即是佛""心即是法"，影响了宋人的书法观念，而诗人、词人的加入，又给书法注入了抒情意味。在强调意趣的前提下，宋代书法家重视自身修养，读书多、见识广，为前人所不及。宋人尚意，表现在书法上，重行草、崇流美的尚意书风，讲究韵外之致，意在笔先，不仅在当时成为一种时尚，而且对后世有深远影响。

## 三大名画

目前公认的中国十大传世名画（见下页表），宋有其三:《千里江山图》《清明上河图》《溪山行旅图》。另外，《富春山居图》的作者黄公望出生在南宋末年的温州，也深受宋代书画家的影响。

中国十大传世名画

| 序号 | 画名 | 作者 | 朝代 | 其他 |
|------|------|------|------|------|
| 1 | 《千里江山图》 | 王希孟 | 宋代 | 绢本设色，宽 51.5 厘米，长 1191.5 厘米 |
| 2 | 《清明上河图》 | 张择端 | 宋代 | 绢本设色，宽 24.8 厘米，长 528.7 厘米 |
| 3 | 《富春山居图》 | 黄公望 | 元代 | 纸本水墨，宽 33 厘米，长 636.9 厘米 |
| 4 | 《韩熙载夜宴图》 | 顾闳中 | 南唐 | 工笔重彩，宽 28.7 厘米，长 335.5 厘米 |
| 5 | 《洛神赋图》 | 顾恺之 | 东晋 | 绢本设色，现存均为宋人摹本 |
| 6 | 《汉宫春晓图》 | 仇英 | 明代 | 绢本重彩，长 574.1 厘米，宽 30.6 厘米 |
| 7 | 《八十七神仙卷》 | 吴道子 | 唐代 | 白描长卷，长 292 厘米，宽 30 厘米 |
| 8 | 《女史箴图》 | 顾恺之 | 东晋 | 绢本设色，长 348.2 厘米，宽 24.8 厘米 |
| 9 | 《步辇图》 | 阎立本 | 唐代 | 绢本设色，长 38.5 厘米，宽 129.6 厘米 |
| 10 | 《溪山行旅图》 | 范宽 | 宋代 | 绢本，长 206.3 厘米，宽 103.3 厘米 |

## 《千里江山图》

《千里江山图》，被称为中国十大传世名画之一，也可以说是宋徽宗的中国梦。《千里江山图》宽 51.5 厘米，长 1191.5 厘米，虽是长卷，画面中央有主峰矗立，象征着主君，也就是宋徽宗。周围群山环绕，象征臣子臣民。而群山的样子，像极了灵芝。在道教中，灵芝是一种仙草，主要生长在昆仑、蓬莱这类仙山中，传说吃了可以得道成仙。

海市蜃楼般的仙山之间还修建了一座跨江大桥，像彩虹般将两组群山连接起来，桥的尽头有一座神秘的宅院，周围不时有白衣隐士在山间活动，或走或停，个个潇洒自在。白衣人当然就是生活在仙境中的神仙，这或许是宋徽宗的意愿。

《千里江山图》在整体上展现了一种博大崇高的艺术美，由表及里，开合自如，细节处显示出了画家很强的写生功底，山石树木、村舍农人、船舶芦荡相互之间各有联系。此种气象在宋代之后就很少见了。这样的鸿篇巨制，必须一鼓作气才可保持整体感和一致性。

在《千里江山图》本幅纸上，是没有作者题款的。"希孟"二字出自卷后隔水黄绫上蔡京的题跋："政和三年闰四月八日赐。希孟年十八岁，昔在画学为生徒，召入禁中文书库，数以画献，未甚工。上知其性可教，遂诲谕之，亲授其法，不逾半岁，乃以此图进。上嘉之，因以赐臣京，谓天下士在作之而已。"

跋文大意为：政和三年皇帝赐给我这幅画。希孟当年 18 岁，之前在画院里做学徒，后来被召入文书库。他曾经多次给皇帝献画，可是都不算好画。皇帝看他是个人才，有可造就的地方，就亲自指点他，不到半年就画出这幅画。皇帝很赞赏，就把画赐给了我。

而"希孟"姓王，目前仅见于清初大收藏家梁清标题写的画签和他的朋友宋荦所作的《论画绝句》。宋荦诗云："宣和供奉王希孟，天子亲传笔法精。进得一图身便死，空教肠断太师京。"后有附注："希孟天姿高妙，得徽宗密传，经年作设色山水一卷进御，未几死，年二十余，其遗迹只此耳。"

关于作者的名字，我们现在只有这两条文献可考，梁清标和宋荦到底是怎么考据的，就不得而知了。

对于这幅画是不是王希孟之作，或者说王希孟存在与否，是有疑问的。一个 18 岁少年，用半年时间画成如此恢宏的巨作，这几乎是不可能的。

再说对江山的理解以及王朝天下的格局，都不是一般人可以做到的。或许，王希孟是宋徽宗皇家画院的一个画师，或者是一群画师的代号。

### 《清明上河图》

《清明上河图》，由北宋画家张择端在宋徽宗初期所作，张择端是皇家翰林图画院画师。该图宽 24.8 厘米，长 528.7 厘米，生动记录了中国 12 世纪北宋都城汴京的商业经济繁荣发达的景象，是宋韵文化的标志性成果之一。

《清明上河图》自问世以来，不但催生了无数仿作、摹品、衍生品，而且吸引了诸多宋史学者、美术史学者一次又一次地解读。对于研究中国社会史、生活史、民俗史、服装史、建筑史、交通史、商业史、广告史、城市史、造船史的学者来说，《清明上河图》也是一座不容错过、不可多得的史料富矿。

通常认为画家所绘者，"盖汴京盛时伟观也"，甚至觉得，"观者见其邑屋之繁，舟车之盛，商贾财货之充美盈溢，无不嗟赏歆慕，恨不得亲生其时，亲目其事"。

### 《溪山行旅图》

宋代山水画中被明代书画家董其昌称为"宋画第一"的就是范宽的《溪山行旅图》，绢本，淡设色，长 206.3 厘米，宽 103.3 厘米，现藏在台北"故宫博物院"。

范宽（约 950—约 1032），字中立，陕西华原（今陕西省铜川市耀州区）人，宋代绘画大师。初学荆浩、李成，后自成一家。范宽的"宽"和"中立"，并非他的名和字，而是他山水作品的品格和向往。范宽、董源、李成，并称为"北宋三大家"。

《溪山行旅图》是存世系于范宽名下的山水画中最受肯定的真迹，被誉为"宋代绘画第一神品"，是中国古代山水画的巅峰之作，自诞生以来影响了古今众多画家。

画中巨峰巍然耸矗，山涧中瀑布直泻而下，峻厚的山峦长着茂密的林木，岩石皴纹历历可辨，显示出一种逼人的磅礴气势。山脚下雾气迷蒙，近处大石兀立，老树挺生，溪水潺潺。山路上有旅人赶着驼队走过，人畜虽皆画得其小如蚁，却真实生动，使人仿佛能听到驴蹄嘚嘚之声。

站在山水面前，不管是帝王将相，还是凡夫俗子，都是微小的过客，现实中的得意或者失意，从自然的角度看，都是微不足道的，个体的生命是短暂的，只有宇宙是永恒的。

西方中国画学者高居翰认为，这幅《溪山行旅图》是范宽仅存的作品，画中世界似乎既不忠实地反映物质宇宙，也不以人的意志统御宇宙，而具有自身绝对的存在。

## 格物致知

宋代画家对世间万物都充满兴趣，描绘的题材包罗万象，从大自然瑰丽的景色到细小的野草、闲花、蜻蜓、甲虫，无不被捉入画幅，而运以精心，出以妙笔，遂蔚然成为大观。对于都市生活和农家社会的描写、人物的肖像，以及讽刺的哲理作品，尤能杰出于画史，给予千百年后的人以模范和启发。所以论述中国绘画史，必当以宋这个光荣的时代为中心。对于历史研究者来说，他们能够从宋画中获取丰富的关于宋代社会的图像史料。

宋画讲求写实，用宋人的话来说，"观画之术，唯逼真而已。得真之全者，绝也；得多者，上也；非真即下"。美术史学者郎绍君先生曾给宋画的写实精神极高评价："宋代美术在写实技巧上已臻中国古典写实主义的顶峰。就同时代东西方各国古典写实主义艺术的水平与成就言，它毫无疑义是第一流的，称它占据同时代人类绘画艺术的最高位置，也并不过分。"以南宋画家李迪的《雪树寒禽图》（上海博物馆藏）与《雪中归牧图》（日本大和文华馆藏）为证，图中的积雪、树枝、伯劳鸟羽毛、牛的毛皮，都极富质感，有近代油画的效果。

从毛益的《萱草游狗图》《蜀葵戏猫图》与李迪的《犬图》《蜻蜓花狸图》中，可以了解到宋人有饲养宠物猫与宠物狗的习惯。传为刘松年作品的《十八学士图》中，可以看到一个盛水果的冰盘，原来宋代人也喜欢在夏季吃冰镇水果。从宋时大量出现的《撵茶图》《斗茶图》，我们可以感受到宋代市井饮茶、斗茶的盛况；从宋代佚名的《夜宴图》、马麟的《秉烛夜游图》与李嵩的《观灯图》，能发现蜡烛作为一种照明工具在宋代社会的普及程度。李嵩的《花篮图》系列，不但展示出画家高超的静物写生功力，更反映了宋代插花艺术的精湛。不论是南宋《中兴瑞应图》中的后妃、宫女，刘宗古《瑶台步月图》中的大家闺秀，还是南宋佚名《歌乐图卷》中的女艺人、何充《摹卢媚娘像》中的道姑，抑或是梁楷《蚕织图卷》中的家庭妇女、刘松年《茗园赌市图》中的市井女子，她们的着装都大方而性感，全无半点今人想象中的拘谨气味。

宋时很流行的界画（一种使用界尺引线的画种，力求准确、细致地在画面上再现屋木、宫室、器物、舟车等对象），更是追求逼真的视觉效果。宋人邓椿说："画院界作最工，专以新意相尚。尝见一轴，甚可爱玩。画一殿廊，金碧熺耀，朱门半开，一宫女露半身于户外，以箕贮果皮作弃掷状。如鸭脚、荔枝、胡桃、榧、栗、榛、芡之属，一一可辨，各不相因。笔墨精微，有如此者！"北宋界画高手郭忠恕笔下的画面，"栋梁楹桶，望之中虚，若可投足；栏楯牖户，则若可以扪历而开阖之也。以毫计寸，以分计尺，以寸计丈，增而倍之，以作大宇，皆中规度，曾无少差。非至详至悉、委曲于法度之内，皆不能也"。研究宋代建筑形制与结构，宋人的界画是绝对不可忽略的材料。因为重写实、工写真，宋代画家给后人留下了弥足珍贵的历史图像，有如后世的照片与纪录片。

这其实是宋人追求"格物致知"的时代精神在绘画作品上的体现，"格物致知"是宋代士大夫，特别是理学家心仪的方法论。"宋人的精神世界与唐人不太一样，你看宋人的格物精神很发达，就像唐代有大量的边塞诗歌一样，他们有大量的咏物诗，集中在许多专用物上，江西诗派就是例子。他们开始对单一事物感到好奇，比如当时有大量的茶经，有笋谱，有各种植物的研究文章，这是当时的文化背景。"这是刘静敏教授的一个观点。

从审美艺术的角度来说，写实主义的宋画与写意主义的文人画，究竟哪一个的艺术造诣更高？这只能是见仁见智的问题。


## 丰亨豫大

"丰亨豫大"的审美观在宋代成为主流。"丰亨"出自《易经》丰卦，孔颖达疏："财多德大，故谓之为丰；德大则无所不容，财多则无所不济，无所拥碍，谓之为亨，故曰丰亨。"后来用以表示富厚顺达。而"豫大"："圣人以顺动，则刑罚清而民服，豫之时义大矣哉。"意为富饶安乐的太平景象。

"丰亨豫大"审美观承接了北宋中后期技法求真、求精、求细和画面求大、求全、求多的趋向,英宗朝魏国公韩琦在《安阳集钞》里提出了"真、全、多"的绘画审美标准:"得真之全者,绝也;得多者,上也。""真"是景物的写实要如生,在此基础上尽可能地完整即"全","多"则是场景要大,表现内容要丰富。达到又"真"又"全"者,则为绝品,即便以"多"取胜,也是上品。这些观念促进了徽宗朝"丰亨豫大"审美思想的进一步形成,甚至影响到后来文人书法的幅式和容量,如米芾、黄庭坚等好作高头大卷,米友仁继承其父衣钵,所言更为畅快:"成长卷以悦目,不俟驱使为之,此岂悦他人物者乎?"这些显然是受到"丰亨豫大"审美思想的影响。

宋徽宗在艺术实践中大力提倡"大而全"的绘画理念,他将自己的御笔之作和一大批翰林图画院的代笔之作汇集成《宣和睿览》册,15幅一册,累计千册,共计15000幅,均是祥瑞题材的佳迹;徽宗亲临墨池,曾作《梦游化城图》,画中的"人物如半小指,累数千人,城郭宫室,麾幢钟鼓,仙嫔真宰,云霞宵汉,禽畜龙马,凡天地间所有之物,色色具备,为工甚至。观之令人起神游八极之想,不复知有人世间,奇物也"。这是古代文献记载中人数最多、场面最宏大的独幅绘画,与徽宗一贯倡导的"粉饰大化,文明天下,亦所以观众目,协和气焉"的绘画政治功用是完全一致的,也是"丰亨豫大"审美观的具体展现,成为当时人物山水合一的绘画范例。西方与"丰亨豫大"相类似的审美观是17世纪初到18世纪上半叶的欧洲巴洛克艺术,它表现出欧洲各国王室贵族追求华贵和奢靡的审美意识,展示出大幅度的动感和激情活力。

## 挂画盛行

挂画最早是指挂于茶会座位旁的关于茶的相关画作，演变至宋代，挂画改以诗、词、字、画的卷轴为主。

在宋代，文人士大夫都有一个共同的爱好，那就是收藏历朝历代的名家字画，比如苏轼的好朋友王晋卿，热衷于"藏古今法书名画，常以古人所画山水置于几案、屋壁间，以为胜玩"；苏轼的另一位朋友米芾，也是"遇古器物、书画则极力求取，必得乃已"。但凡新得了一件名家字画，兴之所至便发起雅集，将藏品放置于几案邀文友一同鉴赏品评，赋诗吟咏，此为宋代文人的一大赏心乐事。宋高宗赵构退位入住德寿宫之后，宋孝宗一旦收集到好画便会来与父亲同赏，因此形成了风尚。

文人士大夫的厅堂房阁，都挂着名家书画；每次遇到雅集、文会、博古的时候，就会展挂出自己平时收藏的最得意的名画，供文友交流鉴赏。这个过程，就叫作"挂画"。

宋人赵希鹄所著的《洞天清录·古画辨》，有一节专门介绍了挂画的学问："择画之名笔，一屋止可三四轴，观玩三五日，别易名笔，则诸轴皆见风日，决不蒸湿，又轮次挂之，则不惹尘埃。时易一二家，则看之不厌。然须得谨愿子弟，或使令一人细意舒卷出纳之。日用马尾或丝拂轻拂画面，切不可用棕拂。室中切不可焚沉香、降真、脑子有油多烟之香，比宜蓬莱、甲、笺耳。窗牖必油纸糊。户口常垂帘。一画前必设一小案以护之。案上勿设障画之物，止宜香炉、琴、砚。极暑则屋中必蒸热，不易挂壁。大寒于室中渐著小火，令如二月天气候，挂之不妨。然遇夜必入匣，恐冻损。"这段话的意思是，名贵书画的传统暴露式挂法对环境的要求十分严格，如果不小心操作，常常使书画的观赏与保护很难两全。

宋代人对于挂画这件事乐此不疲，宋人郭若虚所著的《图画见闻志》里详细描述了这一行为："齐梁千牛卫将军刘彦齐，善画竹，为时所称。世族豪右，秘藏书画，虽不及天水之盛，然好重鉴别，可与之争衡矣。本借贵人家图画，臧赂掌画人私出之，手自传模，其间用旧裱轴装治，还伪而留真者有之矣。其所藏名迹，不啻千卷。每暑伏晒曝，一一亲自卷舒，终日不倦。能自品藻，无非精当。故当时识者皆谓'唐朝吴道子手、梁朝刘彦齐眼'也。"

在宋代文人圈子里还流行自画像，取"吾日三省吾身"之意，将自画像装裱悬挂于书房或客厅，自我审视。宋佚名小品《高士图》中，屏风上就悬挂了主人的一幅肖像画。他们通常还会在自己的画像上题上一段话，大多是自我评价和勉励，称为"画像赞"，苏轼在自赞诗中就写道："问汝平生功业，黄州惠州儋州。"

在宋代，挂画也不只是有钱人家的闲情逸致，市井人家也流行挂画。宋代都城设有"四司六局"，专门代理宴席、接待的工作，即便是普通老百姓都可以请他们服务。其中"帐设司"专门租赁屏风、绣额、书画名贵物品，排办局则帮忙挂画、插花，把宴会布置成文人士大夫的雅集样式，这样就能让一场宴席办得特别有文艺格调。

宋代都城的饭馆、茶楼、酒庄，也都有挂画的风尚，从北宋汴京直到南宋临安，挂画风潮上到官方下到民间，数百年来从未间断。耐得翁的《都城纪胜》载："（杭城）大茶坊张挂名人书画，在京师只熟食店挂画，所以消遣久待也。今茶坊皆然"。吴自牧《梦粱录》亦说："汴京熟食店，张挂名画，所以勾引观者，留连食客。今杭城茶肆亦如之，插四时花，挂名人画，装点店面。"由此可见，挂画是商家招揽生意的一个重要手段。

## 尚意书风

所谓尚意，包含四点，一重哲理性，二重书卷气，三重风格化，四重意境表现，注重书法创作中的个性化和独创性。宋代书法开始以一种自由抒情的新面目出现在世人面前。这就要求书家除了具有"天然"与"工夫"两个层次外，还需具有"学识"即"书卷气"。"北宋四家"一改唐书崇法面貌，大兴帖学，直接晋帖行书遗风。

开创尚意一代书风的便是中国文化史上少有的全才苏东坡。苏东坡的诗词文章雄放豪迈，书法造诣深厚，他倡导的文人画，开一代新风，成为中国绘画发展史上的一个重要的里程碑。苏东坡书法转益各师，自成一家，其书早年姿媚流美，中年端厚圆劲，晚年性稳意沉，出新意于法度之中，寄妙理于豪放之外。他用笔厚重劲健而又纵横洒脱，融雄伟与清逸于一体，笔势欹斜而神气横溢，开尚意一代书风。苏东坡的书法美在"妙在藏锋""淳古遒劲""体度庄安，气象雍裕""藏巧于拙"，有"气势欹倾而神气横溢"的大家风度。继苏东坡后，米芾的风樯阵马、黄庭坚的长枪大戟，把宋代尚意书风推到了极致。

米芾曾任校书郎、书画博士、礼部员外郎，他诗文俱佳，书画自成一家。他在书法上也有极高造诣，擅篆、隶、楷、行、草等书体，长于临摹古人书法，达到乱真程度。米芾在书法上不为法囿，下笔奇纵变幻，痛快淋漓，有风樯阵马、快刀利剑之势，《苕溪诗卷》《蜀素帖》是其杰作。

诗人黄庭坚，也是北宋著名文学家、书法家，为盛极一时的江西诗派开山之祖。黄庭坚书法独树一帜，不愿步前人陈迹，力求创造自家面貌，最突出的成就是行草书。他用笔善藏锋而巧于顿挫，逆入平出，变化丰富，如长枪大戟，气势宏伟，有《诸上座帖》《松风阁诗》等传世。

在"北宋四家"中，年龄最大的是蔡襄，他是北宋著名书法家、政治家，曾主持建造了中国现存年代最早的跨海梁式大石桥泉州洛阳桥。蔡襄为人忠厚、正直，讲究信义，且学识渊博，书艺高深。蔡襄书法取法晋人，正楷端重沉着，行书温淳婉媚，草书参用飞白法，浑厚端庄，淳淡婉美，自成一体，《行书尺牍》流传至今。

## 瘦金体

宋徽宗赵佶所创的瘦金体，在书法史上独树一帜。宋徽宗在吸收了初唐四家之一的薛稷、宋代的黄庭坚等画家画法的基础上自创了瘦金体，笔法瘦劲，运笔灵动，如一枝枝瘦梅，在清冷的月夜里，自在地挺立、飘逸着。瘦，是山寒水瘦。金，却是人间最贵、最亮的色。瘦金体运笔飘忽快捷，笔迹瘦劲，至瘦而不失其肉，转折处可明显见到藏锋、露锋等运转提顿痕迹，是一种风格相当独特的字体。赵佶瘦金书"天骨遒美，逸趣蔼然"，又具有强烈的个性色彩，所谓"如屈铁断金"。宋徽宗流传下来的瘦金体作品很多，有名的有《芳诗》《夏日诗帖》《怪石诗帖》《牡丹》《风霜》《大观圣作碑》《神霄玉清万寿宫诏》《瘦金体草书千字文》。

在多数人的心目中，宋徽宗的名字常与瘦金体联系在一起，瘦金体正是宋徽宗在书法领域里最具独创性的成就。作为楷书的一种风格流派，瘦金体以其清朗峻峭的面貌迥出时流：笔画中段纤细而挺拔，两端提按顿挫的动作空前夸张，横、竖大多以遽然加重的按顿收束，长撇时在起笔处做弯头状，捺画出锋多做纺锤形且长度远超魏晋以来各种风格的楷书。结体则以中宫紧收为主要特征，长笔画呈放射状向四周延展。

瘦金体像极了宋徽宗的一生，身为一代帝王，却更爱琴棋书画，用一己之力将审美推向巅峰，后半生却亡国被俘，沦为阶下囚。审美上，他是绝对的君王，金碧辉煌，人生的结局，却是山寒水瘦无归期。

# 宋词

　　宋词，是宋人生活的现实写照，同时也寄托了他们的理想情操。宋词体现了宋人"闲"的生活方式，也体现了宋人"闲"的生活品位与境界。"闲"字是会意字，本义是"栅栏"，后延伸出约束、闲暇、悠闲、安静等意思。现在，"闲"一般是空闲、悠闲的意思，"闲"字组成的成语非常多，如闲情逸致、闲云野鹤、气定神闲等。总之，宋人的"闲"不单指空闲、无所事事，而是更多地把"闲"看作一种生活状态、人生修养，是人生的自由自在境界。在宋人看来，那是建立在高度发达的商业城市文明基础之上的精神追求，是人性审美观自然而然的体现，融合了政治经济文化综合价值观。当然宋人对"闲"有了更美好的表达，那就是独特的"宋韵"。宋人最擅长感物而动，伤春悲秋，愁心一动乱如丝，宋词里平添了许多闲情和闲愁。

　　很多首宋词中都出现了"闲"字，也有许多不出现"闲"字，但在表达"闲"的生活。以下面两首词为例，来说明宋人对"闲"的生活追求。

## 青玉案·凌波不过横塘路
### 贺铸

　　凌波不过横塘路，但目送，芳尘去。锦瑟华年谁与度？月台花院，琐窗朱户，只有春知处。

　　碧云冉冉蘅皋暮，彩笔新题断肠句。若问闲愁都几许？一川烟草，满城风絮，梅子黄时雨。

贺铸（1052—1125），原籍山阴（今浙江绍兴），出生于卫州（今河南卫辉），北宋著名词人，字方回，又名贺三愁，人称贺梅子，宋太祖贺皇后族孙。他自称是贺知章后裔，以知章居庆湖（即镜湖），故自号庆湖遗老。曾任右班殿直，元祐中曾任泗州、太平州通判。论起宋词，贺铸是绝对不能被忽略的，人送绰号"贺鬼头"，其貌不扬，面色黑青，眉目倒立着，头发稀疏。但是他却留给我们几百篇精美的宋词佳作，堪称宋词史上响当当的人物。

《中国历代诗歌选》对他这样评价：华瞻处似晏几道，哀婉似秦观，更有晏秦所没有的沉郁和挺拔。

## 玉京秋·烟水阔

### 周密

长安独客，又见西风，素月丹枫凄然其为秋也，因调夹钟羽一解烟水阔。高林弄残照，晚蜩凄切。碧砧度韵，银床飘叶。衣湿桐阴露冷，采凉花、时赋秋雪。叹轻别。一襟幽事，砌蛩能说。

客思吟商还怯。怨歌长、琼壶暗缺。翠扇恩疏，红衣香褪，翻成消歇。玉骨西风，恨最恨、闲却新凉时节。楚箫咽。谁倚西楼淡月。

周密（1232—1298），宋末文学家，字公谨，号草窗，又号四水潜夫、弁阳老人、华不注山人等。原籍济南，后为吴兴（今浙江湖州）人。宋德祐年间曾任义乌令等职。宋亡隐居不仕。能诗词，善书画。其词讲求格律，风格在姜夔、吴文英（号梦窗）两家之间，与吴文英并称"二窗"。著有笔记《武林旧事》《齐东野语》《浩然斋雅谈》《癸辛杂识》《云烟过眼录》等数十种。

宋词，是中国古代文学史上的一轮明月，映照着前人，也照拂着今人。宋词的美，或豪放，或婉约。或在临江独立时，高歌"大江东去，浪淘尽，千古风流人物"；或面对明月，心潮起伏，低叹"不应有恨，何事长向别时圆"；或在失意离别时，轻诉"今宵酒醒何处？杨柳岸，晓风残月"。直到今日，宋词，仍在陶冶着我们的情操，给我们带来艺术享受。

宋代为何如此流行词？当然宋代也有诗人，只是词更广泛，更雅俗共赏，更普及社会，正所谓"一时代有一时代之文学"。宋代社会是商业文明高度发达的社会，当权开明、政治自由、市民活跃，经济、科技、文化繁荣，人们享受世俗生活，斗茶、挂画、点香、插花、相扑、蹴鞠等各种活动层出不穷，为词提供了丰富的创造题材，同时词的体例和文化表达形式更加适应人们对文化生活的追求。填词、斗词，成了宋人生活的娱乐方式，无论是喝酒还是品茶，人人都可以参与作词。

**为何词比诗更生活化呢**

一是宋人的生活追求。唐代的经济、文化繁荣，国力强大，唐距宋年代也不远，宋人对唐的记忆还是比较深刻的，仿佛就在昨天。宋人也希望，他们创作的诗歌能与唐诗媲美。但是唐诗的高度达到了顶峰，到了宋代，宋人在诗歌创作方面，要想不落唐人的窠臼，确乎很难。正好词贴近生活，于是宋人便更多更灵活地运用词这一形式，使得词在宋代获得了空前绝后的发展。

二是词是说唱艺术。宋词长短句交错，常用比兴手法，更为自由、委婉，更有韵味的抒情为词的传诵带来了极大的方便。如王国维先生评述："词之为体，要眇宜修，能言诗之所不能言，而不能尽言诗之所能言。诗之境阔，词之言长。"词的体例更加自由，语句更加多变，内容更丰富，而且更富有韵味，能说能唱，更娱乐化、生活化。

三是词风呈现多样性。宋词虽沿袭着唐五代的传统，以抒发感情、性灵为主，形成"诗庄词媚"的分野，以婉约为宗，但后来由于时代生活的变化、题材的扩大，艺术个性得到重视，艺术手法渐趋多样，所以宋词风格在婉约和豪放之外，还有真率明朗、高旷清雄、典雅精工、骚雅清劲、密丽险涩等多种风格。

正因为词有如此多样性，它才成了宋代社会的主旋律。皇帝个个爱词，大臣个个是词人，政治家范仲淹、王安石、司马光、苏轼等都是著名词人，女词人李清照也成为一代词宗，名垂千古。全社会的认同和推崇，使宋词得以佳篇迭出，影响久远。甚至当时的科举考试中流传着这样的谚语："苏文熟，吃羊肉；苏文生，吃菜羹。"由此足见词人苏轼被崇拜的程度。

宋词，美在妙不可言，若空中之音、水中之影，言有尽而意无穷。人生，亦如宋词，或婉约，或豪放，意境千变万化，每一天都有不同的心绪，抱一分深情，活一分通透。

宋词，是中华文明的瑰宝，也是世界文化的骄傲。笔者哪怕穷尽一生，也无法知一二精华。现撷取一些名家宋词，品赏之。


### 苏轼

北宋文学家（诗人、词人、散文家）、书法家、美食家、画家。其诗题材广阔，清新豪健，善用夸张比喻，独具风格，与黄庭坚并称"苏黄"；其词开豪放一派，与辛弃疾同是豪放派代表，并称"苏辛"；其散文著述宏富，豪放自如，与欧阳修并称"欧苏"，为"唐宋八大家"之一。苏轼亦善书，为"北宋四家"之一；工于画，尤擅墨竹、怪石、枯木等。

## 念奴娇·赤壁怀古

大江东去，浪淘尽，千古风流人物。故垒西边，人道是，三国周郎赤壁。乱石穿空，惊涛拍岸，卷起千堆雪。江山如画，一时多少豪杰。

遥想公瑾当年，小乔初嫁了，雄姿英发。羽扇纶巾，谈笑间，樯橹灰飞烟灭。故国神游，多情应笑我，早生华发。人生如梦，一尊还酹江月。

## 水调歌头

明月几时有？把酒问青天。不知天上宫阙，今夕是何年。我欲乘风归去，又恐琼楼玉宇，高处不胜寒。起舞弄清影，何似在人间。

转朱阁，低绮户，照无眠。不应有恨，何事长向别时圆？人有悲欢离合，月有阴晴圆缺，此事古难全。但愿人长久，千里共婵娟。

## 柳永

北宋著名词人，婉约派代表人物。柳永是第一位对宋词进行全面革新的词人，也是两宋词坛上创用词调最多的词人。柳永大力创作慢词，将敷陈其事的赋法移植于词，同时充分运用俚词俗语，以世俗的意象、淋漓尽致的铺叙、平淡无华的白描等独特的艺术个性写词，对宋词的发展产生了深远影响。

## 雨霖铃

寒蝉凄切，对长亭晚，骤雨初歇。都门帐饮无绪，留恋处，兰舟催发。执手相看泪眼，竟无语凝噎。念去去，千里烟波，暮霭沉沉楚天阔。

多情自古伤离别，更那堪，冷落清秋节！今宵酒醒何处？杨柳岸，晓风残月。此去经年，应是良辰好景虚设。便纵有千种风情，更与何人说！

## 蝶恋花

伫倚危楼风细细，望极春愁，黯黯生天际。草色烟光残照里，无言谁会凭阑意。

拟把疏狂图一醉，对酒当歌，强乐还无味。衣带渐宽终不悔，为伊消得人憔悴。

## 黄庭坚

北宋著名文学家、书法家，为盛极一时的江西诗派开山之祖，与杜甫、陈师道和陈与义素有"一祖三宗"（黄庭坚为其中一宗）之称。与张耒、晁补之、秦观都游学于苏轼门下，合称"苏门四学士"。生前与苏轼齐名，世称"苏黄"。

## 清平乐

春归何处？寂寞无行路。若有人知春去处，唤取归来同住。

春无踪迹谁知？除非问取黄鹂。百啭无人能解，因风飞过蔷薇。

## 鹧鸪天

黄菊枝头生晓寒。人生莫放酒杯干。风前横笛斜吹雨，醉里簪花倒著冠。

身健在，且加餐。舞裙歌板尽清欢。黄花白发相牵挽，付与时人冷眼看。

## 辛弃疾

字坦夫、幼安，号稼轩。南宋豪放派词人，有"词中之龙"之称，现存词600多首。与苏轼合称"苏辛"，与李清照并称"济南二安"。

## 永遇乐·京口北固亭怀古

千古江山，英雄无觅，孙仲谋处。舞榭歌台，风流总被，雨打风吹去。斜阳草树，寻常巷陌，人道寄奴曾住。想当年，金戈铁马，气吞万里如虎。

元嘉草草，封狼居胥，赢得仓皇北顾。四十三年，望中犹记，烽火扬州路。可堪回首，佛狸祠下，一片神鸦社鼓。凭谁问：廉颇老矣，尚能饭否？

## 青玉案·元夕

东风夜放花千树，更吹落、星如雨。宝马雕车香满路。凤箫声动，玉壶光转，一夜鱼龙舞。

蛾儿雪柳黄金缕，笑语盈盈暗香去。众里寻他千百度，蓦然回首，那人却在，灯火阑珊处。

## 欧阳修

北宋政治家、文学家，且在政治上负有盛名。后人将其与韩愈、柳宗元和苏轼合称"千古文章四大家"，与韩愈、柳宗元、苏轼、苏洵、苏辙、王安石、曾巩合称"唐宋散文八大家"。欧阳修是在宋代文学史上最早开创一代文风的文坛领袖。

### 浪淘沙

把酒祝东风，且共从容。垂杨紫陌洛城东。总是当时携手处，游遍芳丛。

聚散苦匆匆，此恨无穷。今年花胜去年红。可惜明年花更好，知与谁同？

### 生查子·元夕

去年元夜时，花市灯如昼。月上柳梢头，人约黄昏后。

今年元夜时，月与灯依旧。不见去年人，泪满春衫袖。

## 晏殊

北宋著名文学家、政治家。晏殊以词著于文坛，尤擅小令，风格含蓄婉丽。与其子晏几道，分别被称为"大晏"和"小晏"，又与欧阳修并称"晏欧"；亦工诗善文，原有集，已散佚。存世有《珠玉词》《晏元献遗文》《类要》残本。

## 浣溪沙

一向年光有限身，等闲离别易销魂，酒筵歌席莫辞频。

满目山河空念远，落花风雨更伤春，不如怜取眼前人。

## 破阵子

燕子来时新社，梨花落后清明。池上碧苔三四点，叶底黄鹂一两声，日长飞絮轻。

巧笑东邻女伴，采桑径里逢迎。疑怪昨宵春梦好，元是今朝斗草赢，笑从双脸生。

## 晏几道

北宋著名词人。晏殊第七子，性孤傲，中年家境中落。与其父晏殊合称"二晏"。词风似父而造诣过之。工于言情，其小令语言清丽，感情深挚，尤负盛名。表达情感直率。多写爱情生活，是婉约派的重要作家。有《小山词》留世。

## 临江仙

梦后楼台高锁，酒醒帘幕低垂。去年春恨却来时。落花人独立，微雨燕双飞。

记得小蘋初见，两重心字罗衣。琵琶弦上说相思。当时明月在，曾照彩云归。

## 蝶恋花

碧草池塘春又晚。小叶风娇，尚学娥妆浅。双燕来时还念远。珠帘绣户杨花满。

绿柱频移弦易断。细看秦筝，正似人情短。一曲啼乌心绪乱。红颜暗与流年换。

## 周邦彦

北宋著名词人。精通音律，曾创作不少新词调。作品多写闺情、羁旅，也有咏物之作。语言曲丽精雅，长调尤善铺叙。词作格律谨严，为后来格律词派词人所宗。作品在婉约派词人中长期被尊为"正宗"。旧时词论称他为"词家之冠"或"词中老杜"，是公认"负一代词名"的词人，在宋代影响甚大。

## 拜星月慢

夜色催更，清尘收露，小曲幽坊月暗。竹槛灯窗，识秋娘庭院。
笑相遇，似觉琼枝玉树相倚，暖日明霞光烂。水盼兰情，总平生稀见。

## 解语花

风销绛蜡，露浥红莲，灯市光相射。桂华流瓦，纤云散、耿耿素娥欲下。
衣裳淡雅，看楚女纤腰一把。箫鼓喧、人影参差，满路飘香麝。

## 岳飞

字鹏举，相州汤阴（今河南省安阳市汤阴县）人。南宋抗金名将，中国历史上著名军事家、战略家、书法家、诗人，位列南宋"中兴四将"之首。其代表作《满江红》是千古传诵的爱国名篇。

## 满江红

怒发冲冠，凭栏处、潇潇雨歇。抬望眼，仰天长啸，壮怀激烈。三十功名尘与土，八千里路云和月。莫等闲，白了少年头，空悲切！

靖康耻，犹未雪。臣子恨，何时灭！驾长车，踏破贺兰山缺。壮志饥餐胡虏肉，笑谈渴饮匈奴血。待从头，收拾旧山河，朝天阙。

## 小重山

昨夜寒蛩不住鸣。惊回千里梦，已三更。起来独自绕阶行。人悄悄，帘外月胧明。

白首为功名。旧山松竹老，阻归程。欲将心事付瑶琴。知音少，弦断有谁听。

## 秦观

北宋文学家、词人，被尊为婉约派一代词宗。他与黄庭坚、晁补之、张耒合称"苏门四学士"，颇得苏轼赏识。秦观因为屡得名师指点，又常与同道切磋，兼之天赋才情，所以文学成就粲然可观。

## 行香子

树绕村庄，水满陂塘。倚东风，豪兴徜徉。小园几许，收尽春光。有桃花红，李花白，菜花黄。

远远围墙，隐隐茅堂。飏青旗、流水桥旁。偶然乘兴、步过东冈。正莺儿啼，燕儿舞，蝶儿忙。

## 鹧鸪天

枝上流莺和泪闻，新啼痕间旧啼痕。一春鱼鸟无消息，千里关山劳梦魂。

无一语，对芳尊。安排肠断到黄昏。甫能炙得灯儿了，雨打梨花深闭门。

## 贺铸

北宋词人。能诗文，尤长于词。其词内容、风格较为丰富多样，兼有豪放、婉约二派之长，长于锤炼语言并善融化前人成句。用韵特严，富有节奏感和音乐美。部分描绘春花秋月之作，意境高旷，语言秾丽哀婉，近秦观、晏几道。其爱国忧时之作，悲壮激昂，又近苏轼。南宋爱国词人辛弃疾等对其词均有续作，足见其影响。

## 浣溪沙

楼角初消一缕霞，淡黄杨柳暗栖鸦。玉人和月摘梅花。

笑捻粉香归洞户，更垂帘幕护窗纱。东风寒似夜来些。

## 姜夔

南宋文学家、音乐家。他多才多艺，精通音律，能自度曲，其词格律严密，其作品素以空灵含蓄著称。姜夔对诗词、散文、书法、音乐，无不精善，是继苏轼之后又一难得的艺术全才。他在词中抒发了自己虽然流落江湖，但不忘君国的感时伤世的思想，描写了自己漂泊的羁旅生活，抒发自己不得用世及情场失意的苦闷心情，以及超凡脱俗、飘然不群，有如孤云野鹤般的个性。

### 扬州慢

淮左名都，竹西佳处，解鞍少驻初程。过春风十里，尽荠麦青青。自胡马窥江去后，废池乔木，犹厌言兵。渐黄昏，清角吹寒，都在空城。

杜郎俊赏，算而今重到须惊。纵豆蔻词工，青楼梦好，难赋深情。二十四桥仍在，波心荡，冷月无声。念桥边红药，年年知为谁生？

### 暗香

旧时月色，算几番照我，梅边吹笛？唤起玉人，不管清寒与攀摘。何逊而今渐老，都忘却、春风词笔。但怪得竹外疏花，香冷入瑶席。

江国正寂寂，叹寄与路遥，夜雪初积。翠尊易泣，红萼无言耿相忆。长记曾携手处，千树压、西湖寒碧。又片片、吹尽也，几时见得？

## 李清照

宋代女词人，婉约词派代表，有"千古第一才女"之称。所作词，前期多写其悠闲生活，后期多悲叹身世，情调感伤。形式上善用白描手法，自辟途径，语言清丽。论词强调协律，崇尚典雅，提出词"别是一家"之说，反对以作诗文之法作词。

## 如梦令

昨夜雨疏风骤，浓睡不消残酒。试问卷帘人，却道海棠依旧。知否？知否？应是绿肥红瘦。

## 一剪梅

红藕香残玉簟秋。轻解罗裳，独上兰舟。云中谁寄锦书来，雁字回时，月满西楼。

花自飘零水自流。一种相思，两处闲愁。此情无计可消除，才下眉头，却上心头。

## 陆游

南宋文学家、史学家、爱国诗人。一生笔耕不辍，诗、词、文俱有很高成就，其诗语言平易晓畅、章法整饬谨严，兼具李白的雄奇奔放与杜甫的沉郁悲凉，饱含衷情、爱国热情，对后世影响深远。

## 鹊桥仙

一竿风月，一蓑烟雨，家在钓台西住。卖鱼生怕近城门，况肯到、红尘深处。

潮生理棹，潮平系缆，潮落浩歌归去。时人错把比严光，我自是、无名渔父。

## 卜算子·咏梅

驿外断桥边，寂寞开无主。已是黄昏独自愁，更著风和雨。

无意苦争春，一任群芳妒。零落成泥碾作尘，只有香如故。

## 张先

字子野，乌程（今浙江省湖州市吴兴区）人。北宋著名词人，人称"张安陆"。"能诗及乐府，至老不衰。"（《石林诗话》卷下）词与柳永齐名，擅长小令，亦作慢词。其词含蓄工巧，情韵浓郁。题材多为男欢女爱、相思离别，或反映封建士大夫的闲适生活。一些清新深婉的小词写得很有情韵。其词意韵恬淡，意象繁富，内在凝练，于两宋婉约词史上影响巨大，他是使词由小令转向慢词的过渡过程中不能忽视的功臣。

## 天仙子

水调数声持酒听，午睡醒来愁未醒。送春春去几时回？临晚镜，伤流景，往后期空记省。

沙上并禽池上暝，云破月来花弄影。重重帘幕密遮灯，风不定，人初静，明日落红应满径。

## 千秋岁

数声鶗鴂，又报芳菲歇。惜春更把残红折。雨轻风色暴，梅子青时节。永丰柳，无人尽日花飞雪。

莫把幺弦拨，怨极弦能说。天不老，情难绝。心似双丝网，中有千千结。夜过也，东窗未白凝残月。

# 看戏

我国戏剧历史悠久，源远流长。早在先秦时期，就出现了由戏剧构成的各种艺术因素，即歌、舞、杂技和表演故事。随着时代的推移，历经汉、魏晋、南北朝、隋、唐，这些艺术因素分别得到长足发展，并逐渐融为一体，到宋代形成了以杂剧为核心的综合性戏剧演出方式。

中国戏曲正是从宋代开始形成的。宋代的经济政治文化条件和市民化的生活土壤，酝酿出了空前绝后、丰富多彩的各种戏剧，其中杂剧一枝独秀，不断吸纳其他叙事和表演艺术，令戏曲走向成熟。在此戏曲"原生形成"的基础上，才有后世昆曲的"次生形成"，京剧、豫剧的"衍生形成"。

宋人是很会享受生活的，因为宋代政府相对开明，各类政策宽容，经济文化发达，商业文明繁荣，文化娱乐产业也可以说是欣欣向荣。通俗文艺在城市里大为盛行，固定的民间大型剧场涌现。无论是政府，还是民间，对娱乐设施的投入力度都较大。

## 瓦舍勾栏

瓦舍勾栏是市民娱乐中心，就是通俗文艺的固定演出场所，可以说宋代是开创了中国式剧院的时代。瓦舍勾栏是市井中最为热闹的地方，其兴衰映射的无外乎市民娱乐生活的细节流变和历史的风尘韵味。且瓦舍勾栏作为宋政府市政建设的公共工程之一，更是完美地诠释了如何"从民欲"。

宋代在经过五代十国的兵戎战火后重文偃武、休养生息，文化艺术恢宏绚烂，科技成就灿若繁星，农业、手工业、商业与外贸全面兴盛，民众的幸福感空前高涨。宋代社会市民阶层正式兴起，他们对看戏、听歌等文化娱乐活动有了更高的追求。北宋各级政府积极引导，推动瓦舍勾栏建设。一般说来，大城市建设规模较大的瓦舍，城郊或者乡村建设勾栏，资金有来自政府的，也有来自民间的，市场实行商业化运营。

为何叫瓦舍勾栏？这个没有官方解释。"谓其'来时瓦合，去时瓦解'之义，易聚易散也。"（南宋吴自牧《梦粱录·卷十八》）瓦子中又设有以许多栏杆筑成的演出场所，称为"勾栏"。另一种说法，"瓦舍""勾栏"均出自佛教经书，瓦舍原指僧房，勾栏原指"夜摩天王"享受音乐的建筑物。从曲艺发展的历史看，唐代的戏场几乎都依附于寺庙，如宋人钱易《南部新书》说："长安戏场多集于慈恩（寺），小者在青龙，其次荐福、永寿。"到宋代时，市井中才出现了专供艺人表演的固定场所，由于传统戏场与寺庙的关系密切，人们借用"瓦舍""勾栏"来称呼专门表演百戏杂技歌舞的建筑，也是顺理成章的事情。

瓦舍之内通常设有酒肆、茶坊、食店、摊铺、勾栏、看棚，勾栏是商业性演出的舞台，每天都会表演杂剧、滑稽戏（类似于后世的小品）、说书、说诨话（类似于后世的相声）、歌舞、傀儡戏（木偶戏）、皮影戏、七圣法（魔术）、踢弄（杂技）、蹴鞠、相扑等节目。黄庭坚有一首诗说："万般尽被鬼神戏，看取人间傀儡棚。烦恼自无安脚处，从他鼓笛弄浮生。"写的是勾栏戏棚里表演的傀儡戏，诗人看了精彩的演出，忘却了烦恼。

南宋时候，临安城内外的瓦舍多达二十几处，有南瓦、中瓦、大瓦、北瓦、蒲桥瓦、便门瓦、候潮门瓦、小堰门瓦、新门瓦、荐桥门瓦、菜市门瓦、钱湖门瓦、赤山瓦、行春桥瓦、北郭瓦、米市桥瓦、旧瓦、嘉会门瓦、北关门瓦、艮山门瓦、羊坊桥瓦、王家桥瓦、龙山瓦等。其中北瓦最大，里面"有勾栏一十三座"。独立的"勾栏甚多"，城外还有专演夜场的瓦舍。临安人"深冬冷月无社火看，却于瓦市消遣"。当年临安二十几个瓦舍里，有上百个勾栏在演出，每个勾栏里有上千或数百个观众在看戏。粗算一下，当年临安城里每天的戏剧观众可达2万至5万人，一年观众累计达700万到2000万人次。

瓦舍勾栏之外，亦有娱乐演出，宋人称为"打野呵"："或有路岐不入勾栏，只在耍闹宽阔之处做场者，谓之打野呵。"南宋杭州的皇城司马道、执政府墙下空地、殿司教场等宽阔场所，都是民间艺人"打野呵"的地方："执政府墙下空地，诸色路岐人，在此作场，尤内骈阗（热闹）；又皇城司马道亦然；候潮门外殿司教场，夏日亦有绝伎作场；其街市，如此空隙地段，多有作场之人，如大瓦肉市、炭桥药市、橘园亭书房、城东菜市、城北米市。"正是"南瓦邀棚北瓦过，绣巾小妓舞婆娑。游人不尽香尘拥，箫鼓开场打野呵"。

其他城市当然也有瓦舍勾栏。查《嘉定镇江志》《嘉泰吴兴志》《宝庆会稽续志》《开庆四明续志》《景定建康志》，可知南宋之时，镇江府、湖州、绍兴府、庆元府、建康府均设有瓦舍勾栏。

《水浒传》里面也提到几处瓦舍勾栏：

一处在青州清风镇。清风镇是一个市镇，有三五千户人家，由于邻近

3座恶山，宋政府在这里设寨屯兵，防备山寇。知寨正是花荣，一日宋江前来拜访，花荣便安排了几个体己人，每日陪着宋江"去清风镇街上观看市井喧哗"，"那清风镇上也有几座小勾栏并茶坊酒肆，自不必说的。当日宋江与这体己人在小勾栏里闲看了一回，又去近村寺院、道家宫观游赏一回，请去市镇上酒肆中饮酒"。

一处勾栏位于郓城县。在县衙中当巡捕步兵都头的雷横从梁山泊回到郓城，听帮闲李小二说，近日从东京来了一个女艺人，色艺双绝，叫白秀英，如今正在郓城的勾栏里"说唱诸般品调"，"每日有那一般打散，或是戏舞，或是吹弹，或是歌唱，赚得那人山人海价看"。雷横听了，"又遇心闲，便和那李小二到勾栏里来看"，"入到里面，便去青龙头上第一位坐了"，看戏台挂出的招贴，做的是"笑乐院本"，主演便是那白秀英。演出开始，白秀英"说了开话又唱，唱了又说，合棚价众人喝彩不绝"，演到精彩处，白秀英却停了下来，托着盘子，到观众席中讨赏钱，先走到雷横面前。雷横一摸钱袋，才发现未带分文，便说："今日忘了，不曾带得些出来，明日一发赏你。"白秀英笑道："头醋不酽二醋薄。官人坐当其位，可出个标首。"雷横通红了面皮，道："我一时不曾带得出来，非是我舍不得。"白秀英道："官人既是来听唱，如何不记得带钱出来？"雷横道："我赏你三五两银子，也不打紧；却恨今日忘记带来。"双方争执了起来。

还有一处瓦舍勾栏是东京城内的桑家瓦子。一年元宵节，"东京年例，大张灯火，庆赏元宵"，燕青、李逵等人换了衣巾，扮成客商的模样，潜入东京城看花灯，先投桑家瓦子而来，"来到瓦子前，听得勾栏内锣响，李逵定要入去，燕青只得和他挨在人丛里，听得上面说平话，正说《三国志》，说到关云长刮骨疗毒"。李逵听得兴起，在人丛中高叫道："这个正是好男子！"众人失惊，都看李逵，燕青慌忙拦道："李大哥，你怎地好村！勾栏瓦舍，如何使得大惊小怪这等叫！"李逵道："说到这里，不由人喝彩！"燕青拖了李逵便走。

## 杂剧

宋代戏曲主流是杂剧。宋代周密的《武林旧事》中记录了南宋280个杂剧的剧目。杂剧的演出形式有着生动活泼的特点，在表演形式上大致分为"滑稽戏"和"歌舞戏"两个类别。它们表现内容的方法各异，题材丰富。其中，滑稽戏所占比重较大，《宋官本杂剧段数》中的280个剧目中，绝大多数都是滑稽戏，如《眼药酸》《急慢酸》《四孤夜宴》《老孤遣妲》《睡孤》等。而歌舞戏在宋杂剧中则居于突出的地位，在《宋官本杂剧段数》中，有一半多是关于歌舞戏剧目的记载。这类剧目的剧名多缀有大曲、法曲、词调以及诸宫调等，都是唐宋以来流行的乐曲。

南宋建都在临安，温州就成了抗金的大后方。建炎四年（1130），宋高宗赵构为避金兵逃到温州（早称永嘉），并带来一批皇族、勋亲，甚至中央政权机关和太庙神主都曾一度迁至温州。温州政治、经济地位的提高使得民间艺人云集于此，演出活动兴盛。由汴京逃难而来的流动艺人"路岐人"等带来了北宋丰富多彩的民间艺术，在此基础上受到宋杂剧演出体制的影响，"永嘉杂剧"便形成了。永嘉杂剧也就是"宋元南戏"，又称"温州杂剧"或"南曲戏文"，简称"戏文"。永嘉杂剧融汇了宋杂剧行当体制的长处，建立起了以生、旦为主体的拥有7种角色"生、旦、净、末、丑、外、贴"的行当体制。其演出活动均由民间职业戏班承担，戏班多以家庭为组织基础，有七八个演职人员，这种职业戏班与诸多的业余班社组织并存。

## 商业运营

宋人对娱乐生活的商业化运营主要可以从商业广告、明星造势、门票等方面来看。

商业广告。在演出之前，张贴招子，大做广告，或宣传大牌的艺人，或预告即将演出的节目，是宋代勾栏商演的惯常做法。乾道年间（1165—1173），临安人吕德卿与朋友出城观看南郊祭天大礼，"四人同出嘉会门外，茶肆中坐，见幅纸用绯贴尾云：今晚讲说《汉书》"。这个"绯贴"大概就是附近某家勾栏在此茶肆贴出的广告。今天我们在山西省洪洞县广胜寺，还可以看到一幅绘于元代的杂剧壁画，画的正是宋元时期杂剧表演的情形，图中有一细节：戏台上方挂出一幅帐额，上面写着一行大字"大行散乐忠都秀在此作场"。这也是广告词，换成现在的说法，便是"专业戏曲名角'忠都秀'来此献演"的意思。

明星造势。以小唱出名的李师师、药发傀儡和水傀儡（傀儡戏）都演得颇为出色的李外宁、表演杂剧十分叫座的任小三、说评书的杨中立、魔术师张七圣、相扑手周急快等，这批明星在当时有众多粉丝、众多"追星族"。

孟元老《东京梦华录》收录有一份北宋崇宁、大观年间（1102—

1110）"在京瓦肆伎艺"的明星名单：

小唱：李师师、徐婆惜、封宜奴、孙三四等。

嘌唱弟子：张七七、王京奴、左小四、安娘、毛团等。

杖头傀儡戏：任小三。（任小三每天只在五更天演一回傀儡戏，去得晚了便看不到）

悬丝傀儡戏：张金线、李外宁。

药发傀儡戏：张臻妙、温奴哥、真个强、没勃脐。

绳索类杂技：浑身眼、李宗正、张哥。

球杖类杂技：孙宽、孙十五、曾无党、高恕、李孝详。

说书（讲史）：李慥、杨中立、张十一、徐明、赵世亨、贾九。

说书（讲小说）：王颜喜、盖中宝、刘名广。

散乐（杂戏）：张真奴。

舞旋（舞蹈）：杨望京。

合生（一种滑稽的说唱）：吴八儿。

相扑与武术：董十五、赵七、曹保义、朱婆儿、没困驼、风僧哥、俎六姐。

影戏：丁仪、瘦吉等。

弄虫蚁：刘百禽。

说诨话：张山人。

杂剧散段：刘乔、河北子、帛遂、吴牛儿、达眼五、重明乔、骆驼儿、李敦等。

上述都是北宋末京师演艺圈的大腕，入驻瓦舍勾栏的名角。

门票。元曲《庄家不识勾栏》，表现的就是宋元时期勾栏演出的一些细节。庄稼人经受不住勾栏广告的诱惑，想入勾栏看热闹，勾栏"要了二百钱放过咱"，这"二百钱"就是门票。以南宋时的物价，200文钱可以在酒楼吃上一顿好的，宋高宗每餐也不过"吃得一二百钱物"。可见，入剧场是要买票的，且一般百姓是消费得起的。也有不收门票实行赏钱制的小勾栏。

北宋都城汴京，人口超过百万，不仅是当时世界上最大的城市，也是一座彻彻底底的不夜城。据当时的史料记载，汴京城的夜市三更刚刚结束，五更就重新开张，而且哪怕是大雪纷飞的冬日，游客都络绎不绝。宋人笔记《铁围山丛谈》中提到一个细节："天下苦蚊蚋，都城独马行街无蚊蚋。马行街者，京师夜市酒楼极繁盛处也。蚊蚋恶油，而马行人物嘈杂，灯光照天，每至四更鼓罢，故永绝蚊蚋。"

彻夜燃烧的烛油，竟然熏得整条街巷连蚊子都不见一只，可见汴京城的夜生活是何等热闹非凡。

# 音乐

当今，宋词在中国流行音乐里很火，周杰伦的《青花瓷》取自宋词"雨过天青云破处，这般颜色做将来"，《菊花台》里的"愁莫渡江，秋心拆两半"、《东风破》里的"酒暖回忆思念瘦"，也都有宋词的影子。国学大师王国维、李叔同、林语堂等，都是宋词的痴迷者。其实，宋词就是当时民间广为传唱的流行歌曲集。千百年来，不管是大气昂扬，还是细腻婉约，中国人生命中的情感体验都藏在宋词里。宋代音乐在浩瀚的中国音乐传承之中，扮演了一个重要的角色。宋代的音乐，是宋代的流行色、宋人的本色，自有其亮丽的底色，也是宋韵的鲜明特色。

## 大晟乐

1105 年，宋徽宗统筹"宫廷雅乐"而制"大晟乐"，铸造大晟钟，推行大宋新律，后还专门设立大晟府来掌管雅乐及原属鼓吹署所主管的一部分鼓吹乐，实现政治教化并展示艺术、商业、学术和科技的进步。大晟乐是宋代宫廷音乐的集大成者，是国家艺术的体现。它消化吸收了宋以前特别是唐代音乐的精华，同时又体现了宋代的特色。

大晟乐，尤其是它的宫廷祭祀歌曲，有着独特的风格。这在该音乐现有的文字记载和直接传承其风格的南宋宫廷祭祀雅乐中有着鲜明的反映。1143 年南宋举行的郊祀大典中所用过的《迎神歌》就有短促而起伏频繁的乐句，一字一音的旋律与歌词相配合。歌曲的 4 个宫调变换来自《周礼》

确立起来的典制。该乐曲由宫廷乐师组成宫廷乐队演奏出来，它庄严而缓慢的乐音是由多种乐器的音响所组成的。

2010年，研究大晟钟的著名学者李幼平教授，已对散存在中国、加拿大、日本、韩国和美国的30多件大晟钟进行了系统的音乐学、考古学研究，并以之为基础进行了复原、复制与仿制，在为研究机构或博物馆提供藏品与展品的同时，也为中国古乐研究、创作与表演，提供了音响资源与物质基础。大晟新钟被调整为符合当今国际音乐活动通用标准，是可以与钢琴、古筝等中西方乐器一同演奏的青铜打击乐器。这是因为，虽然原真的大晟编钟的音高、音色等音乐属性是独特的历史表现，但终究与现代听众的音乐感觉和审美价值存在差异，其音乐有可能会因音准问题而被现代观众排斥，因音色"奇怪"或"不够动听"而"不能忍受"。因此，符合当代社会的音乐审美，也是宋代音乐作为中国和世界文化遗产得以持续保存、继承和发扬的关键。

## 词是音乐

在宋代，词跟音乐是一体的，宋词发展的历史也是一段由通俗歌曲演变成文学经典的历史。每一个词牌都对应一种曲谱，宋人写的词都是可以歌唱的，可以说宋词就是宋代的"流行歌曲"。词曲音乐由隋唐时期的曲子词衍生至宋代，被称为词调，主要是依声填词，同时出现了几种变体：减字偷声、摊破、犯调、转调等。可以说，词是因音乐而生的。体裁主要分令、引、近、慢等。音乐创作者以姜夔为代表。

宋词的形制丰富，语言精练，意境深婉，在音律上也更为精美，有婉约也有豪放。北宋沈括（1031—1095）《梦溪笔谈》曰："燕乐是隋唐的西域音乐，配其词是'曲词'或称词。"也就是说，词是配"燕乐"的，小令原是依附于燕乐的一种歌词，源自唐代的酒令。唐人于宴会时即席填词，利用流行的小曲当作酒令（以花间派温庭筠、韦庄、冯延巳、李煜为代表的唐五代词小令开始盛行）。及至两宋，先后出现了许多令词高手。虽然北宋柳永（984—约1053）变小令为长调慢词，从音乐体制上改变和发展了词的声腔体式，引起了词体由外而内的革新，启迪和影响了一代词风，世人由此多爱长调，少写小令，但这种"淡语皆有味""一切景语皆情语"的小令词，借用民歌的形式，具有口语化，风格淡雅清丽，仍表现出独特的韵味。特别是小令在继承前期的词风的同时，也在不断地开拓词境，同时还另辟蹊径，使得主体地位逐渐被长调慢词替代的小令词还是得到了一定的延伸和提高。

## 点绛唇

### 王禹偁

雨恨云愁，江南依旧称佳丽。水村渔市，一缕孤烟细。天际征鸿，遥认行如缀。平生事，此时凝睇，谁会凭栏意！

此词是北宋最早的小令之一，也是作者唯一的传世之作。全词风格婉柔，描绘了江南烟雨下的凭栏远眺以及心怀天下的孤寂。在一定程度上开拓了词境，其影响及于两宋词家。后来柳永在《凤栖梧》中有"草色烟光残照里，无言谁会凭阑意？"，辛弃疾有"把吴钩看了，栏杆拍遍，无人会、登临意"。

## 长相思

### 林逋

吴山青，越山青。两岸青山相送迎，谁知离别情？

君泪盈，妾泪盈。罗带同心结未成，江头潮已平。

此词采用民歌中常见的复沓形式，以回旋往复、一唱三叹的节奏和清新优美的语言，抒写了爱情的离愁别恨。这种清新淡雅的风格带着民歌的形式影响了晏殊、李之仪等人的创作。

## 浣溪沙

### 晏殊

一曲新词酒一杯，去年天气旧亭台。夕阳西下几时回？

无可奈何花落去，似曾相识燕归来。小园香径独徘徊。

晏殊以神童闻名天下，官拜宰相。其词著于文坛，尤擅小令，风格清丽自然。

## 采桑子

### 欧阳修

残霞夕照西湖好，花坞苹汀。十顷波平，野岸无人舟自横。

西南月上浮云散，轩槛凉生。莲芰香清，水面风来酒面醒。

好一个"野岸无人舟自横",每当看到古画,滔滔江水芦苇边,小舟独自横陈,就会想起这匠心独运的禅意妙句。

## 如梦令

苏轼

为向东坡传语,人在玉堂深处。别后有谁来?雪压小桥无路。归去,归去,江上一犁春雨。

苏轼被贬黄州,困厄无着,曾在城东门外垦辟了故营地数十亩,命名为东坡,乐耕其中,却仍能逸志如此。玉堂,指的是翰林院。此词作于苏轼被贬黄州后又回到京师做翰林学士之时,故而他怀念江上一犁春雨的淡泊生活。何妨吟啸且徐行的苏轼,胸襟放旷,品格高迈,为文为词自然就高!

## 水调歌头(节选)

苏轼

不应有恨,何事长向别时圆?人有悲欢离合,月有阴晴圆缺,此事古难全。但愿人长久,千里共婵娟。

这首词是诗歌史上的名篇,被推为中秋词的绝唱;也是音乐史上的名作,宋元时期广为传唱。据说苏轼游玩即兴写了《水调歌头》,同游歌者袁绹试唱,袁绹唱得婉转动听,大家彼此皆心满意足。

## 鹧鸪天

### 晏几道

小令尊前见玉箫。银灯一曲太妖娆。歌中醉倒谁能恨,唱罢归来酒未消。

春悄悄,夜迢迢。碧云天共楚宫遥。梦魂惯得无拘检,又踏杨花过谢桥。

这首《鹧鸪天》出现"小令""玉箫""一曲""歌中""唱罢"等字眼,让后人清楚捕捉到唱曲词在北宋的热度。晏几道(号小山)生于富贵之家,是宰相兼婉约派著名词人晏殊的儿子,无奈家道中落,除了词,他别无长物。有的也许就是跟落魄文人、歌女之间的共鸣,就像词曲那样纠缠在一起,留下《小山词》一部。纵使身后有无数的"小山粉",有无限的文人至高荣耀,生前也不免带上凄婉的调色。

## 如梦令·昨夜雨疏风骤

### 李清照

昨夜雨疏风骤。浓睡不消残酒。试问卷帘人,却道海棠依旧。知否?知否?应是绿肥红瘦!

## 如梦令·常记溪亭日暮

### 李清照

常记溪亭日暮,沉醉不知归路。兴尽晚回舟,误入藕花深处。争渡,争渡,惊起一滩鸥鹭。

李清照这两首词，大概是我们最熟悉的《如梦令》了，说不尽的残酒卷帘人，海棠之绿肥红瘦，道不尽的藕花深处之旖旎情趣。不知多少闺中女子按此仿写《如梦令》？

### 诉衷情

陆游

当年万里觅封侯，匹马戍梁州。关河梦断何处，尘暗旧貂裘。

胡未灭，鬓先秋，泪空流。此生谁料，心在天山，身老沧洲。


陆游一生以抗金复国为己任，可是壮志难酬。沉吟"此生谁料，心在天山，身老沧洲"，不觉悲从中来。


## 宋琴悠悠

琴，在中国有 3000 多年的历史了。《诗经》记载："窈窕淑女，琴瑟友之""妻子好合，如鼓瑟琴"。战国时期伯牙、子期"高山流水觅知音"自然是千年美谈，魏晋时期"竹林七贤"之一嵇康的一曲《广陵散》成了千古绝唱。唐代，刘禹锡的《陋室铭》"可以弹素琴、阅金经。无丝竹之乱耳，无案牍之劳形"道出了高雅的生活境界。

琴在唐代并不太流行，没有受到唐代皇室的特别青睐，而在宋代，却受到了全国上下的追捧，皇帝都是琴乐的粉丝。宋太宗赵光义别出心裁地"增作九弦琴、五弦阮，别造新谱三十七卷"，宋仁宗赵祯制有《明堂新曲谱》，宋徽宗赵佶的《听琴图》更是千古名作。宋徽宗政和年间（1111—

1117），宫中不仅有书画院，还设有琴院。宋徽宗将天下制琴的能工巧匠招至琴院，切磋技法，还到民间四处寻觅好琴，将古今名琴藏于"万琴堂"中。

宋代的名琴很多，略举一二。

宋徽宗御制的"松石间意"琴：琴体宽大、棱角分明，造型有向外的张力，制度森严，给人以强烈的仪式感。

落霞式古琴：此类琴在宋代民间很流行。该琴琴体宽长略扁，鹿角灰胎，内杂朱砂，表髹黑漆，细密蛇腹断。龙池与凤沼内，纳音微突，琴音洪松沉静。其琴首至琴尾做凹凸的弧线，圆弧左右对称，自琴首至琴尾大小不一，弧线曲度变化丰富，有如半月，有如跃鱼，整体又如落霞、如流水。

据统计，《全宋词》中与琴有关的词达 596 首，与琵琶有关的约 160 首，与古筝有关的约 150 首。范仲淹、欧阳修、苏轼、姜夔、张炎等名人都是当时有名的琴师的学生，而且他们自身在琴艺上也颇有造诣。

## 行香子·述怀

### 苏轼

清夜无尘。月色如银。酒斟时、须满十分。浮名浮利，虚苦劳神。叹隙中驹，石中火，梦中身。

虽抱文章，开口谁亲。且陶陶、乐尽天真。几时归去，作个闲人。对一张琴，一壶酒，一溪云。

苏轼的这首《行香子·述怀》抒写了把酒对月之时的襟怀意绪，"一张琴"成为其中的经典道具。

宋代不仅仅是琴的制作成就高，琴学理论更是蓬勃发展。欧阳修提出"和"是琴音的审美特征，"取其和者，道其湮郁，写其幽思，则感人之际，亦有至者焉"。沈括在《梦溪笔谈》中论述了琴材与琴音的关系："以琴言之，虽皆清实，其间有声重者，有声轻者，材中自有五音。"提出琴材的"四善"说：琴材欲轻、松、脆、滑，谓之四善。

《潇湘水云》是宋代流传至今最为脍炙人口的琴曲之一，作者是南宋时期的浙派琴家郭沔（约1190—1260），他所处的时代正值元兵入侵，南宋王朝即将灭亡的前夕。郭沔每当远望九嶷山为云水所蔽，见到云水奔腾的景象，便激起对山河残缺、时势飘零的无限感慨，因而创作此曲，以寄托眷念之情。

## 生活是音乐

北宋经济繁荣，商业和手工业发达，尤其是城市经济昌盛，市民阶层形成了规模，市民音乐也逐渐成为宋代音乐的重要组成部分。宋代音乐和唐代音乐的区别在于，宋代的音乐以乐为主导，填词为辅，主要是听音乐中的美妙旋律。除了音乐本身，宋代人在原有音乐的基础上，增添了很多乐趣，能够结合舞台的效果促进音乐的魅力，不断地推陈出新，带来独特的审美体验，这使得宋代音乐具有了独特的地位和风格。

在北宋汴京城里，有桑家瓦子、中瓦、里瓦以及大小勾栏50余座。《清明上河图》中描绘的瓦子集合了说唱、唱曲、词调、戏曲、器乐演奏等多种音乐形式，并且演出频率较高，观众十分活跃。市民音乐中大量流行的是民歌和小曲。民歌以《月子弯弯照九州》为代表，小曲则是流传在民间的哼唱小曲，分为叫声、嘌唱、小唱、唱赚。同时，民间开始出现更多以艺术为生的艺人，人们的思维也变得逐渐开放，思路和视野也因为音乐的发展而变得开阔，音乐不单单是宫廷皇族享有的特权，而是逐渐演变成为娱乐大众、愉悦自身的重要手段。郭茂倩（1041—1099）编订《乐府诗集》，现存 100 卷，它是收集乐府民歌最完备的一部。

随着音乐发展，城市里出现了固定的娱乐场所，形成了专业的艺人群体和专门的音乐组织机构。宋代的传统节日、婚庆嫁娶、迎宾庆典都离不开音乐的伴随。酒肆茶馆常用器乐或声乐来吸引客人，音乐给人们增添了许多乐趣。


## 婉约悠长

宋代音乐流行至今，若论对音乐的贡献，姜夔是第一人。姜夔（1155—1221），字尧章，号白石道人，江西鄱阳县人，南宋著名文学家、音乐家。姜夔在文学上颇有造诣，著有《白石道人诗集》《续书谱》等流传千古的佳作；在音乐艺术上别具一格，编写了《大乐议》《琴瑟考古图》等内涵丰富的著作，为中国文学史与音乐艺术史增添了浓墨重彩的一笔，对后世影响深远。姜夔与辛弃疾齐名，被后人称为"词中老杜"，推动了传统婉约词的创新与变动，建立了新的艺术风格和审美趣味，赋予了诗词清雅脱俗的韵味与清劲瘦硬的格调，其作品既秉承着江西诗派的风格，又不失婉约温柔，实在是清空骚雅，文气回荡，读起来让人赞不绝口。当姜夔爱慕的女子要离开他，不舍与追忆便化成了一行行绝美的华章诗篇，散落在风中，情柔绵绵，略带忧伤，"纵豆蔻词工，青楼梦好，难赋深情。二十四桥仍在，波心荡、冷月无声。念桥边红药，年年知为谁生"。《词源》评价姜夔作词："前无古人，后无来者，自立新意，真为绝唱。"姜夔多才多艺，精通音律，具有极高的音律上的悟性和高超的驾驭音乐的才能。他所著的《白石道人歌曲》是古代词曲谱集，婉约悠长，意境清空，具有独特的思想性和艺术气息，是音乐艺术史上的稀世珍宝，也奠定了姜夔在音乐史上举足轻重的地位。姜夔创作的自度曲突破了古曲对音乐形式的限制，关注音律和节奏的连贯性，寻求艺术美感。"君不见年年汾水上兮，惟秋雁飞去"，曲调凄凉忧郁，这是独属于姜夔的琴歌。他通过改造唐宋乐谱，提高了乐理的趣味和雅兴，增强了艺术的档次、品位，丰富了音乐的文化情感，为研究雅乐歌曲提供了珍贵的范例和借鉴，是现代人认识宋代雅乐歌曲和古音雅调的重要桥梁。他对传承文化遗产也做出了重要贡献。唐玄宗创作、杨贵妃表演的《霓裳羽衣曲》是中国音乐舞蹈史中的一颗璀璨明珠，因战乱多年失传。姜夔经常年研究，发现了此曲 18 段并保存在他所编写的书中，使之得到永久流传。

"浪漫至死"仿佛是姜夔一生的格言。姜夔一生与诗词为伴，与音乐共舞，与情爱痴迷。

# 童蒙

明代徐有贞曾说："宋有天下三百载，视汉唐疆域之广不及，而人才之盛过之。"宋代以前，蒙学的对象主要是皇家贵族和官宦子弟，教学内容以识字、写字、背诵《诗经》为主。到了宋代，蒙学教育才出现平民化趋势。在宋代"以文治国"的基本国策下，人们从孩童时候起，不论男女都可以接受教育，官办和私人教育机构蓬勃发展，也使宋代成为进士数量最多的朝代。宋代出现了很多教育家，他们对当时蒙学的发展和教育体系的完善做出了巨大贡献。

## 教育免费

根据司马光在《居家杂议》中的记述，6岁的时候男孩开始学习写字，女孩开始学习简单的女红（穿针引线，绣简单的图案），7岁的时候孩子们开始诵习《论语》和《孝经》。即便如此，孩子们大部分时间还是与小伙伴们一起玩耍嬉戏。从宋人的诗句中可以感受到那时的场景："儿童急走追黄蝶，飞入菜花无处寻"（杨万里《宿新市徐公店》）；"最喜小儿无赖，溪头卧剥莲蓬"（辛弃疾《清平乐·村居》）；"知有儿童挑促织，夜深篱落一灯明"（叶绍翁《夜书所见》）。到了8岁的时候，普通人家会把小孩送入学堂或私塾。在宋仁宗庆历年间（1041—1048）的兴学运动中，全国设立了大量官办学堂。欧阳修在《吉州兴学记》中曾感叹："其明年（庆历四年）三月，遂诏天下皆立学，置学官之员。然后海隅微塞，四方万里之外莫不皆有学。呜呼，盛矣！"

宋代有些县开始推行教育免费政策，有的县则象征性地收个一两钱，实在交不起学费的，官府也会给免了。而对于国家和省的重点学校，比如太学（相当于现在的大学），朝廷会给学生补助，不仅免学费，每个学子每月还能领到 1000 文钱的伙食补贴。在校外没有房住的"孤寒士子"，政府还提供免费住宿。太学的入读名额有限，当时甚至还出现了旁听生。无论是官办教育还是家庭教育、私塾教育，蒙学主要是讲授基础文化、伦理道德、处事应对，具体内容包括认字识字、汉字书写、读书做人、著文写作等。

宋人对孩童教育的重视，也体现在蒙学教材上。除了沿用前朝的读物如《千字文》《蒙学》《太公家教》《咏史诗》等外，还新编了许多经典蒙学书籍，《百家姓》和《三字经》都成书于宋代且颇受后世欢迎。除了认字的教材外，还有诸如《千家诗》《史学提要》《童蒙训》等诗文类、历史类、伦理类等书籍。

## 《三字经》

"人之初，性本善；性相近，习相远……"朗朗上口的《三字经》，大家耳熟能详。这部风行了 700 多年的蒙学著作，作者是王应麟，他与胡三省、黄震并称为宋元之际浙东学派三大家。

王应麟（1223—1296），字伯厚，号深宁居士，又号厚斋，庆元府鄞县（今浙江省宁波市鄞州区）人，南宋著名学者、教育家、政治家。王应麟博学多才，学宗朱熹，涉猎经史百家、天文地理，熟悉掌故制度，长于考证。

著有《三字经》《困学纪闻》《小学绀珠》《玉海》《通鉴答问》《深宁集》《诗地理考》等，传世书法有《著书帖》等。根据《星峙石鼓里王氏族谱》的记载，王氏先祖是从浚仪（今河南开封）迁至奉化区莼湖街道茅峙村，后又迁至鄞州，其祖籍地为莼湖星峙。王应麟还有个弟弟，名叫王应凤，兄弟两人都步入仕途，其中王应麟曾任礼部尚书。

《三字经》是中国传统启蒙教材，是中华民族珍贵的文化遗产，短小精悍、朗朗上口，千百年来，家喻户晓。在中国古代经典当中，《三字经》是最浅显易懂的读本之一。《三字经》取材典范，包括中国传统文化的文学、历史、哲学、天文地理、人伦义理、忠孝节义等，而核心思想又包括了仁、义、诚、敬、孝。孩童在背诵《三字经》的同时，就了解了常识、传统国学及历史故事，以及故事内涵中的做人做事道理。在格式上，三字一句朗朗上口，因其文通俗、顺口、易记等特点，其与《百家姓》《千字文》并称为中国传统蒙学三大读物，合称"三百千"。

明代理学家吕坤曾说过："初入社学八岁以下者，先读《三字经》以习见闻，读《百家姓》以便日用，读《千字文》以明义理。"所谓"熟读《三字经》，可知千古事"，其独特的思想价值和文化魅力为世人所公认，被历代中国人奉为经典并不断流传。


### 《百家姓》

《百家姓》是一部关于汉字姓氏的作品。按文献记载，成文于北宋初。原收集姓氏411个，后增补到504个，其中单姓444个，复姓60个。

《百家姓》是一部记录姓氏的文集，全文568个字，通篇采用四言体例，对姓氏进行了排列，而且句句押韵，虽然它的内容没有文理，但读来顺口，易学好记，对于中国姓氏文化的传承、汉字的认识等都起到了巨大作用，这也是它能够流传千百年的一个重要因素。

《百家姓》是一种特殊的历史文献，记载了中国姓氏的发展。它与姓氏家谱、方志、正史构成中国历史的一部分，是中国珍贵的文化遗产。《百家姓》作品的出现，是中国特有的文化现象，流传至今，影响极深，它所辑录的姓氏，还体现了中国人对宗脉等的强烈认同感。《百家姓》在历史的衍化中，为人们寻找宗脉源流，建立宗脉意义上的归属感，帮助人们认识传统的血亲情结，提供了重要的文本依据。它是中国人认识自我与家族来龙去脉不可缺少的文化文献基础蓝本。

宋代王明清在《玉照新志》中说："两浙钱氏有国时小民所著。"换句话说，作者是吴越国的"小民"钱氏，即一个没有什么名气和地位的读书人。王明清的理由是，首句是"赵钱孙李"，是因为钱是作者的本姓，赵乃本朝国姓，所以钱排在后面。据史书记载，吴越国由钱镠创立，是五代十国时期相对稳定的一个割据政权。钱镠一再告诫子孙，如遇王者，不要兴兵，应纳土归顺。后来的吴越王钱俶，曾为赵宋平定江南效力，宋太宗时更献国归宋，受封王爵。江浙的民众因此躲过战乱，所以一直感念吴越钱王。"孙"则是钱俶正室王妃之姓。可见，作者是吴越国民的可能性确实比较大。而"李"则是与吴越国毗邻的南唐皇室之姓，吟出《虞美人》"问君能有几多愁，恰似一江春水向东流"的李煜就是南唐后主。

## 《千字文》

《千字文》，是由南北朝时期周兴嗣编纂、1000 个汉字组成的韵文（在隋唐之前，不押韵、不对仗的文字被称为"笔"，而非"文"）。梁武帝（502—549）命人从王羲之书法作品中选取 1000 个不重复的汉字，命员外散骑侍郎周兴嗣编纂成文。全文为四字句，对仗工整，条理清晰，文采斐然。《千字文》语句平白如话，易诵易记，并译有英文版、法文版、拉丁文版、意大利文版，是在中国影响很大的儿童启蒙读物。中国大陆实行简化字、归并异体字后，其简体中文版本剩下 990 余个相异汉字。

作为一本蒙书，《千字文》的首要功用是教儿童认字。从实用角度来说，其所选的 1000 字从数量与使用率上看都比较适当，《千字文》可以说是古代最实用的识字书。1000 个字多是与自然环境、社会生活及历史文化息息相关的字，使用率很高，用它来识字，可以达到事半功倍的效果。《千字文》不但能提供使用率很高的单字，而且其词汇也极为丰富，其中有许多如今常用的成语。四字一句的体裁，使得《千字文》易于记诵，几乎每句都可以作为成语来使用。

《千字文》还是学习书法的圭臬。由于《千字文》集中了常用的 1000 个互不重复的汉字，加上行文优美典雅，更重要的是它的产生与书圣王羲之有密切关系，无心插柳地成了历代书法家最为青睐的书写对象，古代大部分著名书法家都写过《千字文》。特别是宋徽宗誊抄的《千字文》，从书法教育、熏陶的角度，提供了丰富全面的书法范本，极大地推动了《千字文》作为启蒙书的传播以及儿童启蒙教育的发展。

第四辑　风物雅量

# 点香

　　一说起香，人们都会想到，祭拜祖宗时会上三炷香，口中默念：一敬天，二敬地，三敬祖宗。之后许愿自己或家人朋友能够平安幸福，心想事成。这个传统，与道家文化传统有关。《道德经》讲："道生一，一生二，二生三，三生万物。"在道家的理念里，道是世间万物的本源，道家上三炷香，是表示自己对世间万物的敬畏之心，并且在道家的文化里，三是极数，这也是表达对神明的最大尊敬。

　　中国香道文化源远流长，早在殷商时期的甲骨文中就有"燎""香""鬯"（芳香的酒）等字的记载。周代已有佩戴香囊、沐浴兰汤的习俗。《礼记·内则》中有："男女未冠笄者，鸡初鸣，咸盥漱，拂髦总角，衿缨皆佩容臭。"《周礼》有以"莽草薰之""焚牡菊以灰洒之"等利用香药防治害虫的记载。

　　纵观中国历史，从宫廷佩香避秽，到民间祛疫疗疾，从庙堂宗教祀拜，到文人焚薰怡情，香道文化始终伴随着人们的生活。中国数千年用香的历史，已经形成了一种独特的香文化。中国的香文化发展脉络主要沿着四条功能线索发展：一是宗教用香，二是民俗用香，三是文人品香，四是中医香疗。四条线索时有交叉并列，但又各自沿着独立的方向发展，体现了古老的东方智慧。道教认为，天然香料吸收了天地之精华与自然之灵气，清净至要。佛法将香的境界从世间的用香升华到见香成佛的无量境界。社会民俗用香，主要体现在节庆和日常生活中。中国文人与香素有不解之缘，他们以香怡情、以香养德、以香修性，对后世香疗养生文化影响深远。中医香疗自成体系，同时又在与世界各国的文化交流中融合发展。

## 宋人玩香，更重意境

宋代，香道在继承以往香文化的基础上，形成了自己的特点。蒋勋说："宋朝最可爱的部分，就是它不像唐朝，在唐朝一切东西都要大，而在宋朝可以小。小不见得是一个没有价值的东西。雄壮是一种美，微小也是一种美。"

唐代的美，也许在"大漠孤烟直，长河落日圆"的壮阔里；而宋代的美，也许就在于画家画的一片叶子上的虫子。宋代人让大家看到，原来这只小小的虫子，它也是生命中的一种美。这是宋代人的平淡美学。

静坐、卧眠、弹琴、读书都是日常小事，但因有了香，便生出了意境。香是包容的，一如宋人。宋人连世间最小的物都能找寻到美，静观万物，内观自己。

焚香的平淡美，更是静坐时难得的平静，不去比较，不去争辩。北宋著名文学家、书法家黄庭坚就是一位香学大师，人称"香癖"。他在被贬谪宜州（今广西河池）后，住在冬冷夏热、风雨飘摇的破败屋子里，市井喧嚣，打开窗，人就对着邻居屠户的案板。每逢心乱，他就慢慢焚起一炉香，在香气氤氲中，摊开一张发黄的宣纸，用一支快秃的毛笔，缓缓写下这陋室雅称：喧寂斋。

无论生活多平淡，宋人总能用香营造诗意意境，在静坐中享受美感。终朝静坐无相过，慢火熏香到日斜。一炷香里寻平淡，一炷香里寻平静。这就是宋人香事。

## 品香成为大众生活

宋代大量出现了研究自然万物的谱录，如《墨谱》《香谱》《云林石谱》《茶录》《酒谱》《糖霜谱》《牡丹谱》《梅谱》《菊谱》《兰谱》《桐谱》《海棠谱》《荔枝谱》《橘录》《笋谱》《菌谱》《蟹谱》《昆虫草木略》《禽经》等。其中，《香谱》就是专门记载香道的谱录。宋人十分注重休闲生活、崇尚商业文明，品香与插花、挂画、斗茶一起被称为大众生活的"四般闲事"。宋代品香仪式中，香具甚多，如插瓶、香盒、香匙、香箸、香帚、灰铲、垫片等，特别是闻香炉，大多为瓷质，且种类繁多。闻香，是香事仪式中一个鉴赏香的过程，闻香者闻辨香的品类，体会燃烧变化中的不同香味，而后在香笺上记下闻香心得。品香时，主人用右手握炉，左手拱五指成空心半球状，轻罩炉口聚集香气，然后引鼻靠近香炉缓缓吸气品香。闻香三次后，主人将炉按顺时针方向由左手递给客人的右手，客人闻香三次，依次传炉给下一位。

## 香药大量普及

回顾中华民族几千年文明史，人们从来没有停止过同瘟疫的斗争。据史料记载，中国历史上经常是"十年一大疫，三年一小疫"。对于接二连三的瘟疫，人们普遍视为上天所降的"灾疫"，是一种警讯。民间常会利用各种节庆举行焚香驱疫仪式，并外用或内服各种芳香药，以除瘟消灾。宋代的《东京梦华录》卷八记载："端午节物：百索、艾花……香糖果子、粽子、白团、紫苏、菖蒲、木瓜，并皆茸切，以香药相和，用梅红匣子盛裹。自五月一日及端午前一日，卖桃、柳、葵花、蒲叶、佛道艾；次日家家铺

陈于门首，与粽子、五色水团、茶酒供养；又钉艾人于门上，士庶递
相宴赏。"

　　宋代以前，虽然外来香药已开始引入国内，但终因陆上交通的制约，
来源比较有限，种类较少，使用并不广泛，初期亦主要用来熏香，仅限于
上层社会官僚、贵族使用。进入宋代以后，海运盛行，香药才大量入境，
来源充足，种类多样，远远超过前朝。为适应新的经济形势需要，宋代创
立了以乳香为主的进口商品专卖制度，香药是市舶司收入中最大宗的物品
之一，来自真腊、渤泥、蒲端、安南（分别在今柬埔寨、文莱、菲律宾、
越南一带）等地，主要是乳香、龙脑及栈香，朝贡品也以香药为主。还特
设"香药局"专司香的使用。随着其价格的平民化，香药就由人们眼中的
奢侈品，逐渐普及大众。这种转变为当时的中医药学者临床应用芳香药物
提供了便利，并在中医药理论基础上，对这些香药进行了药性理论的传承
和发展。将香药广泛应用于临床，尤其对外来香燥药物的应用，在宋代已
然到了十分普遍的程度，其应用范围日益扩大。在宋代政府编纂的大型方
书中有大量方剂使用香药。如《重修政和经史证类本草》《本草衍义》等
本草著作中，就收录了大量的香药，有苏合香、降真香、兜纳香、丁香、
青木香、檀香、安息香、零陵香、艾纳香等。同时以这些香药为主药，配
伍其他中药进行疾病的治疗，如《太平圣惠方》中以香药命名的方剂达
120 种，如乳香丸、沉香散、木香散、沉香丸等。《太平惠民和剂局方》
是我国历史上第一部官修制药手册，"诸心痛门"中以香药命名的医方
就有沉香散 3 种、沉香丸 1 种、木香散 6 种、木香丸 6 种、丁香丸 1 种。
《圣济总录》中，仅"诸风"一门即有乳香丸 8 种、乳香散 3 种、乳香丹

1 种、木香丸 5 种、木香汤 1 种、没药丸 5 种、没药散 2 种、安息香丸 2 种、肉豆蔻丸 1 种。其中有些名方至今临床上仍在使用，如至宝丹、苏合香丸等。香药的应用，极大地丰富了中医理论及辨证施治。

## 文人制香成道

宋代文人不仅视用香为雅事，更将香与香气视为颐养身心、陶冶性情之物。黄庭坚喜香、用香、合香、咏香，曾言："天资喜文事，如我有香癖。"他还写下著名的《香十德》："感格鬼神、清净心身、能除污秽、能觉睡眠、静中成友、尘里偷闲、多而不厌、寡而不足、久藏不朽、常用不障。"《香十德》寓意深刻，对香特殊的属性和内在特质进行了高度概括，通过香修性养德，可以让人去除杂念、安定心神。

徐铉以一生焚香伴月闻名遐迩。徐铉，绍兴人，北宋著名书法家、文学家，官至吏部尚书。其校《说文解字》，世称"大徐本"；又曾编纂《文苑英华》《太平广记》等。他喜爱香道，亦是制香大家，每遇月夜，露坐中庭，焚佳香一炷，澄心伴月。他把自己制的这种香称为"伴月香"。伴月香香品配伍严谨，更注重香药的炮制与和合，主要由沉檀、莞香、苏合香、鸡舌香、豆蔻、芸香、白茅香等配置而成。其香气、香性清幽淡雅，芳泽溢远，留香持久，有清和正气、养性虞神、调和身心之功。适用于书斋琴室、禅房净舍、会客迎宾。

周邦彦《苏幕遮》中"燎沉香，消溽暑"之句，描绘出燃烧沉香驱除闷热潮湿暑气的情形，词人以此度过羁旅烦闷的煎熬岁月。欧阳修《越溪春·三月三日寒食节》中广为流传的"沉麝不烧金鸭冷，笼月照梨花"词句描述了因寒食节禁火无法燃香导致屋内香炉冰冷，而恰与窗外月光映照下的白色梨花相互呼应，构成一幅冰冷凄清的画面。李清照《醉花阴》中的名句"薄雾浓云愁永昼，瑞脑消金兽"表达出重阳佳节独自一人在家，虽然金兽香炉中燃烧着名贵的瑞脑香，但缺少丈夫的陪伴，词人依然备感孤独的凄凉心境。张元幹《花心动·七夕》中"绮罗人散金猊冷，醉魂到，华胥深处"一句，描绘出牛郎织女七夕分别后仅剩冰冷香炉在侧的悲凉境遇，此时恐怕只有醉酒，才能与恋人在梦中再次相见，透射出词人浓郁的孤独与落寞。如上所列都是脍炙人口的不朽经典之作，体现出文人对香的喜爱之情。

宋代文人不仅爱香、写香、咏香，还对香进行了体系化、专业化的研究，如丁谓的《天香传》、陈敬的《陈氏香谱》、叶庭圭的《名香谱》、洪刍的《香谱》、范成大的《桂海香志》等，它们不仅是具有较高艺术品质的散文佳作，更是香文化史上重要的研究著作。

文人的用香形式是丰富多彩的，几乎涉及衣食住行各个方面，更为重要的是一种香品的制作过程几乎是中国文化的浓缩，既分阴阳，又和五行，不同的香药采摘时间亦有严格的限制。一个传统正宗香方的组建，既要从人天关系着眼，又要从性命关系入手。和香家还必须熟知香药药性，在对众多的香药炮制及配伍和合的过程中要导顺治逆，为使组方设计的效果更加理想，甚至还需识天时、明地理，择时择地和香，上好的香品还须经过窖藏，深度地和其药性才能成为香中佳品。

宋代尚香文化蔚为大观，不仅涌现出大量以香为主题的优秀文学作品，而且焚香更成为文人雅士日常生活的重要组成部分，蕴含着丰富且深刻的人文内涵。尚香是宋代文人出于对群体身份的认同而形成的共同趣味和文化品位。文学作品中对香气氤氲的反复诉说和读书焚香的执着要求，是因为文人对香气养护性命的功能有着理性的认识，表现出重视生命价值的人文关怀。宋代士大夫以尚香正心慎独、濡养德性，其实质是对儒家"修身养性"理想人格的躬行实践。尚香可让人潜消世虑，回归清静本性，借感应天地之香气沟通宇宙万物，体现出宋代文人对"天人合一"哲学境界的精神追求。

# 宋瓷

中国瓷器是从陶器发展演变而来的。中国人早在约公元前 8000 年的新石器时代就发明了陶器。瓷器起源于 3000 多年前。陶瓷集天地之灵秀愈见精美，逐渐成为礼器的主流。宋代是中国瓷器最为繁荣的时期。

北宋崇尚严整的儒道精神，南宋崇尚禅寂的佛教思想，促使宋代瓷器讲究和谐、平淡。和谐之美，在形式上的特征表现为：端庄的形体，流畅的曲线，宁静的釉色，优美的韵律。平淡并非淡乎寡味，宋瓷的釉色不仅讲究细洁精润，更追求奇妙丰富的肌理层次和精光内蕴的质地效果。宋瓷的这种在充满生命的动感中求和谐的表现，也是整个中国古代陶瓷艺术乃至东方艺术最基本的特质。

宋代瓷器的辉煌成就主要体现在以下几个方面。

## 釉色自然美

如果说宋代被誉为"瓷器时代"的话，那么瓷釉所体现的艺术特色与工艺技术成就即是这一"瓷器时代"的鲜明特征。宋瓷中无论是单色釉、复色釉（花釉）所采用的厚釉装饰方法，还是釉与胎体纹饰结合的薄釉装饰方法，都极力追求釉色的自然美。这种釉色的自然美，体现在以下两个方面：一是它的呈色是釉中金属着色元素在"火"这个自然力的作用下产生的，没有人为痕迹，是自然天成的结果；二是它的色彩反映了大自然中蓝天白云、碧海青山、绿树黄沙、紫霞红日、宝石翡翠、珍禽异兽等自然色彩。古人对宋瓷釉色有各种各样的称谓，如"天蓝""天青""月白""粉青""梅子青"等。这些形象的比喻，说明了釉色所展现的自然美；而这种自然美的形成，则又体现在制釉工艺技术、艺术审美和艺术表现的完美结合上。

以青釉瓷为例。青釉瓷在宋代是主流，其釉色也是人们喜爱的。唐代和唐代以前的青釉瓷，虽然在釉的色泽与质地上也以玉为追求目标，但与宋代的青釉瓷相比，玉质感方面就差得多了。因为当时使用的釉为石灰釉，釉层薄而透明，颇似玻璃质感。采用厚釉装饰法，不仅可使釉质似玉，而且使釉色柔和含蓄。为了更好地发挥厚釉装饰所具有的浑厚、凝重、深沉的艺术风格，宋代厚釉陶瓷造型大多都是形体比较单纯、没有更多起伏转折变化的造型。把造型的表现余地留给釉的装饰，从而更加突出了厚釉的特征。宋代厚釉陶瓷造型的基调是敦厚、简洁、浑然一体，造型和釉色相辅相成，相得益彰。厚釉装饰不等于把整个造型全部覆盖了，而是有隐有现，有藏有露，有深有浅，有虚有实，在单纯中求丰富，在含蓄中求个性。宋代厚釉青瓷釉色非常丰富，每个窑口间的釉色有别，即便是同一窑口也有许多不同倾向的色调。它的釉乳光更是迷人，如汝官器，近光下察看，釉中多布红斑，有的如晨日出海，有的似夕阳晚霞，有的像七彩长虹，有的如锦缎闪烁，展现出一种富贵高雅之态。

除厚釉装饰外，宋代瓷器的薄釉装饰也很有特色，这种薄釉装饰以北方的定窑、耀州窑和南方的景德镇窑的刻、印花瓷器最有代表性。这种刻、印花瓷器的胎体比厚釉装饰所采用的胎体选料精细，加工精致。可以说是胎（质地和纹饰）与釉共同构成了似玉的质感。定窑的釉色有似雪的白色和白中微带黄的象牙白色；耀州窑的釉色以橄榄绿为代表，同时还有青绿、姜黄等色；景德镇窑的釉色则综合了青色和白色的优点，是青中有白、白中显青的青白色。这些釉色的特点都是薄而透明，能映出胎体的色泽与纹饰。宋代瓷器薄釉装饰所具有的釉色美，体现在釉与胎及纹饰三者共同构成的似玉的色泽与质感上。乾隆皇帝称赞定窑的白瓷"既质玉之质，复白雪之白"；宋代《德应候碑》赞美耀州窑青瓷"巧如范金，精比琢玉"，"视其色，温温如也"；宋代词人李清照《醉花阴》"薄雾浓云愁永昼，瑞脑消金兽，佳节又重阳，玉枕纱厨，半夜凉初透……"中的"玉枕"，则是对景德镇窑青白瓷的赞美。

宋代瓷器釉色崇尚天然真实，鄙薄雕琢伪饰，把自然朴素之美作为理想之美的典范，真可谓达到了浑然天成、天衣无缝的妙境。这种对自然美的崇慕和追求，对中华民族的审美意识和中国艺术的发展具有深远的影响。正是基于这种原因，宋代种种美丽的名瓷，才被世人誉为奇珍异宝，获得了历代人们的热烈欢迎和高度赞美。这也是宋代瓷器能在世界上享有盛誉的一个重要原因。

## 窑变技术

在宋代名窑中，釉色变化最丰富的非钧窑莫属。钧窑不仅以天蓝、天青、月白等青瓷与同时代的青瓷名窑媲美，更以海棠红、玫瑰紫、葡萄紫等红紫色，在众多的名窑中独树一帜。钧瓷的特征是釉层丰厚，釉质乳浊莹润，釉纹深沉多变，釉面有明快的流动感；釉色以蓝红为基础，融熔交辉，形如流云，灿如晚霞，变化莫测，具有引人入胜的艺术魅力。人们把这种奇妙的现象称为"窑变"。钩瓷窑变釉即同一种基本釉中含有不同的呈色剂在火中的变化，釉面上没有色斑突起的痕迹，色彩形象的变化完全熔于釉面之内。

钧瓷窑变釉色的美妙，固然与配釉及烧成有关，但其所具有的装饰简练、线条明朗、棱角突出、起伏适当的特点也增加了钧瓷窑变釉的艺术感染力。它利用造型的边口和转折部分造成的薄釉和积釉，形成深浅不同的色彩变化；利用造型的出沿、出筋、出戟的凹凸线条阻止或凝聚流动的釉层，形成各种纹理变化。形与釉相辅相成，既衬托出造型的形体美，又突出了厚釉的天然美。珍藏于故宫博物院的一件北宋钧窑花盆，为菱花式，以近于直线的微曲廓线构成丰润端正的形体，以凹凸变化的曲线勾勒出菱花形的盆沿和足边，腹部的棱线与菱花式口沿、足边上下呼应，和谐美观，犹如一朵盛开的菱花，富丽典雅。菱花式盆通体挂釉，釉在盆体竖面上流动，蓝红两色交融，呈现出玫瑰红色调的晚霞景色。玫瑰红色与盆体边棱部位呈现的茶黄色相衬，犹如夕阳与晚霞相辉，给人以美的遐想。

钧瓷上的窑变现象，鬼斧神工，变幻莫测。它在红、蓝、月白等基本色调上，有的色带呈光芒放射状；有的色带横向或斜向浸漫，如同云雾缭绕峰峦；有的色带纵向流淌，犹如瀑布从山巅直泻而下，气势雄浑，飘逸虚幻，颇具神韵。钧瓷窑变可贵之处是它不露任何人为造作的痕迹，完全是一种自然的形态，体现出一种"浑然天成"的美。这种美达到了"大象无形""大音希声""大巧若拙"的审美境界。中国古典艺术理念一贯反对雕缋满眼而崇尚质朴无华，把平淡自然看作艺术的最高境界。窑变钧瓷就是这样成功的艺术品，虽然有人工的因素在内，但看上去宛如天然，体现了中国人"天人合一"的审美观念。中国人的审美观念，始终在追求与自然的融合，"天造地设""天作之合""天衣无缝""天生丽质""天香国色"，一切一切，皆以"天"为标准。所谓"巧夺天工"就是不留下任何人工的痕迹。窑变钧瓷正是通过"巧夺"来达到"天工"所赋予的自然之态。陶瓷是"火"的艺术，正因为"火"这个"天工"的作用，才使窑变成为可能，才使釉色变化出如高山云雾、峡谷飞瀑、夕阳紫翠的绝妙奇景，才使釉的装饰通过"融"和"化"产生浑化无迹、运化无痕、浑融天全、通体自然和谐的艺术美。

## 冰裂纹传奇

宋代瓷釉的美不仅体现在釉色上，更体现在釉的肌理上。如果说，釉色之美还只是瓷器产品的共性之美的话，那么，肌理之美则体现其个性之美。"肌理"一词，原是指人的肌肤组织和形态特征。在现代设计中，肌理一词用来特指材料的质感和纹理，而瓷器的肌理主要指釉的质地以及产生的纹理效果。如果把"肌理"二字细分析一下，"肌"代表釉的质地，"理"代表釉的纹理。古人对于釉质的追求和欣赏一直是以玉为目标的，但古人在追求和欣赏如玉般的釉质的同时，也对釉内及釉面上自然形成的各式纹理的肌理效果倍加赞赏。

翻开古人笔记，不难发现古代文人曾以许多名词称颂这些纹理，有的和纹理的形式有关，有的形容它的颜色。如"冰裂纹"形容官窑器上的开片，有如冰块之晶莹透亮做层层开裂状；"鱼子纹"是指哥窑器内小开片，状如鱼子之密集者；"牛毛纹"形容钧窑厚釉流淌的纹理，如同牛毛状；"橘皮纹"形容烧成中釉内气泡密布破裂所造成的表面呈细小针孔状，若橘皮；"兔毫"形容建窑器之铁釉结晶，如兔之毫毛；"鹧鸪斑"形容黑釉上的白色斑点，恰似鹧鸪鸟胸部羽毛黑白交杂状。

在宋瓷中，对于釉的纹理的欣赏，首推青瓷器上的冰裂纹。冰裂纹原本是工艺上的一个缺陷，是由于瓷器胎体和釉料的膨胀系数不同，在冷却收缩时开裂造成的。但古人却对这种自然产生的开裂纹理十分欣赏，他们掌握了其规律，有意识地拉大胎体和釉料间膨胀系数的差距，控制开裂纹路的大小与疏密，并通过着色处理使纹线产生色彩变化。冰裂纹的开裂，犹如寒冬时节江河冰面开裂时的纹线，纵横交错，变化万千。这种冰裂纹效果大概使匠师们觉得存在某种意蕴，便把生活中的这种自然现象重现在瓷器上，使人们感到意外的清新生动。匠师们对冰裂纹自然变化的追求，也赢得了文人雅士的欣赏，使得这种无意出现的自然开片现象得到了肯定，并成为一种流行的装饰手法。

常见的官窑、哥窑等冰裂纹器是为宫廷烧制的炉、瓶、壶之类陈设品。冰裂纹按形状分有鱼子纹、柳叶纹、细碎纹（又称百圾碎）、蟹爪纹等。按颜色分有浅黄鱼子纹、鳝血丝、金丝铁线等。哥窑素以优美的冰裂纹闻名，其有"金丝铁线"之称。其与众不同的是大开片中套小裂纹，紫黑色裂纹包围着金黄色细丝状裂纹，使本来就不规则的冰裂纹效果更显出变化的丰富、造化的奇妙。

像这种由于工艺缺陷而形成的瑕疵，在宋人眼里，美而珍爱，这或许与宋代流行的"以丑为美"的艺术理念有关。宋代文人对官窑、哥窑等瓷器上，因工艺缺陷形成的诸如冰裂纹、橘皮纹、蚯蚓走泥纹等纹理如此偏爱，与他们的审美观念有密切关系。如果瓷器上只裂出一道或几道纹线的话，这种缺陷就不会给人以美的感受，而真正是缺陷了。所以说，冰裂纹等纹理的形成源于工艺上的缺陷，但古人在这个缺陷之中发现了蕴藏的美，于是有意为之，把缺陷发展成了美。

与冰裂纹等因工艺缺陷而形成的"瑕疵美"相反，兔毫纹、油滴斑、鹧鸪斑和树叶纹等纹理之美，则是一种锦上添花的美。兔毫纹、油滴斑、鹧鸪斑等纹理效果的形成，是釉的液相分离、析晶造成的。在结晶过程中，当温度升到1300℃以上时，就会流淌成黄棕色、铁锈色或乳白色等多种色彩的条纹，这就是诗人所赞美的绚丽夺目的兔毫纹。兔毫纹的纹理具有秩序感，颇合规矩，猛看上去似乎是整齐划一的，人们也不会联想到兔毫。但兔毫纹在规矩、序列、统一之中，却有着一种形状、色调上的随意变化，符合形式美中变化的统一。当我们细细查视，便发现毫峰的宽度并非计算机操纵下的一致，毫峰中的釉色也有些微微近似的差别。这既是人工作用的结果，又不完全是人所能控制变化的。可以说，兔毫纹理的产生是"天人合一"的杰作，它有人为的因素，但又不露任何人工痕迹，表现出"自然天成"的趣味。

### 另类黑瓷

宋代官窑瓷属于青瓷系，但也有黑瓷的传世。黑瓷在宋代影响也很大，宋人尚品茗，宋代的茶不同于现代的茶，沏出的茶以出白沫为佳，所以宜用黑盏，因此黑釉茶盏盛行，自皇室到民间，风行全朝，并由此出现了众多名品，如油滴、兔毫、玳瑁等。其中现存于日本、被日本奉为"国宝"的宋曜变天目碗，有鬼斧神工之妙，精美绝伦，其烧造极难，已成绝响。可是黑瓷一直没有成为"供瓷"，可能与皇帝推崇青瓷有关。黑瓷兔毫纹等是在黑色的釉面上出现的纹理，黑瓷本来就以它黑如漆的釉色而闻名，黑色给人一种深不可测的宁静和严肃的感觉，一直是人们喜爱的颜色。宋代的匠师为什么要在这漆黑的釉面上做文章呢？可能是因为黑釉瓷器明度最低，烧造成形后容易让人产生郁闷沉重的感觉，于是匠师们便变化出新色样以惹人喜爱；也许是匠师们不甘心瓷釉色调的单一呆板，而想再现大自然中某些物象的神韵、风貌，追寻那自然天成的造化之态；或许是无意的配料和烧造中的偶然巧合造就了这些奇妙的纹理，于是匠师们便利用这些纹理弄出鬼斧神工的工艺品来。

## 五大名窑

宋代五大名窑之说，始见于明代皇室收藏目录《宣德鼎彝谱》："内库所藏汝、官、哥、钧、定名窑器皿，款式典雅者，写图进呈。"清代许之衡《饮流斋说瓷》中说："吾华制瓷可分三大时期：曰宋，曰明，曰清。宋最有名之有五，所谓柴、汝、官、哥、定是也。更有钧窑，亦甚可贵。"由于柴窑至今未发现窑址，又无实物，因此通常将钧窑列入，与汝、官、哥、定并称为宋代五大名窑。

柴窑是中国陶瓷史上的未解之谜，究竟有没有柴窑，这是中国 1000年来的一个悬案，谁也没有见过柴窑的东西。柴窑只存在于书中的记载，明朝人文震亨在《长物志》中说："柴窑最贵，世不一见，闻其制，青如天，明如镜，薄如纸，声如磬。"即使是在古代，柴窑的工艺品都很难见到一件，这足见其稀有程度。关于柴窑，五代、宋、元的文献中并无记载，直到明代才有提及。明初洪武年间曹昭《格古要论》中云："柴窑：柴窑器出北地河南郑州，世传周世宗姓柴氏，时所烧者，故谓之柴窑。天青色滋润，细腻有细纹，多是粗黄土足，近世少见。"明谢肇《五杂俎》中说："陶器，柴窑最古，今人得其碎片亦与金翠同价矣。盖色既鲜碧，而质复莹薄，可以装饰玩具，而成器者杳不可复见矣。世传柴世宗时烧造，所司请其色，御批云：雨过天青云破处，这般颜色作将来。"明张应文《清秘藏》中记载："论窑器，必曰柴汝官哥定，柴不可得矣。闻其制云：青如天、明如镜、薄如纸、声如磬，此必亲见，故论之如是其真。余向见残器一片，制为绦环者，色光则同，但差厚耳……"实际上，有关柴窑，只有这么几则记载，以后的谈瓷书中多是传抄这几种说法，或加以推断想象，派生出一些细微的不同。

## 汝窑

汝窑属五大名窑之首，窑址在今河南省汝州市区张公巷，方圆30平方公里，及蟒川乡严和店村方圆40平方公里，以及当时所辖的大营镇清凉寺村。事实上，自宋初以来便有了汝窑的烧制，北宋晚期更是其鼎盛时期。

汝窑以青瓷为主，"釉色天青色""蟹爪纹""香灰色胎""芝麻挣钉"等是鉴别汝窑的重要依据。其中，蟹爪纹是指釉面开片的纹理毛毛扎扎。芝麻挣钉则是因烧造时足部用很小的支钉支起，然后把汝窑瓷器支在空中烧。这样的瓷器烧制好后，底部釉面会有几个点。汝窑瓷胎体一般较薄，釉层较厚，有玉石般的质感，釉面有很细的开片，而在造型上则比较庄重大方。

由于汝窑传世的作品很少，据传不足百件，又因其工艺精湛，所以非常珍贵。青，乃五色之首，《说文解字》中曰"青，东方色。木生火，从生、丹。丹青之信，言象然。"青色，是"生"之意，天青色一直是宋代瓷器所追求的釉色。这除了源于古人对玉温润、沉静、素雅特质的追求外，也与当时的儒家思想有关。

汝窑的传世代表作有北京故宫博物院收藏的天青釉弦纹樽、汝窑天青釉圆洗、汝窑天青釉碗等，台北"故宫博物院"收藏的天青无纹椭圆水仙盆与粉青莲花式温碗等。

2012 年 4 月在香港的一场"中国瓷器"专场拍卖会上，一款有着 900多年历史的北宋汝窑天青釉葵花笔洗，被收藏者以 2.08 亿港币的天价拍下。汝瓷的珍贵，不仅仅在于稀少，"雨过天晴"之感的釉色更是被各收藏家所喜爱。

### 官窑

宋代官窑由官府直接营建，分北宋官窑和南宋官窑。北宋官窑在北宋末年宋徽宗时才开始烧造，具体的窑址至今没有发现。宋高宗南渡后，在临安另设新窑，一个"置窑于修内司"，后又在"郊坛下别立新窑"。据分析，"修内司官窑"在凤凰山脚下，而"郊坛官窑"则位于乌龟山一带。为了做出区分，北宋官窑被称为"旧官"，南宋官窑就称为"新官"，"旧官"厚重，"新官"轻薄。

宋代官窑瓷器主要为素面，既无华美的雕饰，又无艳彩涂绘，最多使用凹凸直棱和弦纹为饰。其胎色铁黑、釉色粉青，"紫口铁足"增添古朴典雅之美。"紫口铁足"是指青瓷胎料中含铁量高达 3.5%—5%，致使制品的口缘釉薄处露灰或灰紫色，而底端刮釉露胎处呈黑褐或深灰色。官窑的器形除常见的盘、碟、洗等之外，仿商、周、秦、汉古铜器中的各式瓶、炉样式的也很多。

官窑的传世代表作有北京故宫博物院收藏的青釉弦纹瓶、青釉直颈瓶、青釉圆洗等。

### 哥窑

哥窑与官窑类同，也有紫口铁足，也有开片，不过至今窑址不明。

许多瓷器在烧制过程中，为了追求工艺一般都不允许有太多的釉面开裂纹片，但哥窑却将开片的美发挥到了极致，产生了"金丝铁线"这一哥窑的典型特征：由于开片大小不同，深浅层次不同，胎体露出的部位因氧化或受污染程度也不尽相同，致使开片纹路呈色不一。哥窑瓷器釉面大开片纹路呈铁黑色，称"铁线"，小开片纹路呈金黄色，称"金丝"。"金丝铁线"使平静的釉面产生韵律美。宋代哥窑瓷器以盘、碗、瓶、洗等为主。

哥窑的传世代表作有北京故宫博物院收藏的青釉贯耳瓶、青釉鱼耳炉、青釉海棠式花盆等。

### 钧窑

钧窑有钧官窑和钧民窑之分，钧官窑窑址在河南禹州市（时称钧州）。宋代五大名窑中，汝、官、哥窑的瓷器都是青瓷，钧窑虽然也是青瓷，但不是以青色为主的瓷器。钧窑瓷器的颜色还有玫瑰紫、天蓝、月白等多种色彩。专家指出，"钧红"的烧制成功则开创了一个新境界。目前全世界现存仅约10件钧窑器物。

传世钧窑器物的底部多刻有"一"到"十"不同的数字，其意义历来有不同的解释。现存实物证明，器底所刻数字越小，器形越大。在宋代钧窑瓷器的传世品中，以各式花盆和花盆托最为多见，出戟尊则较少。出戟尊的造型仿古代青铜器式样，喇叭形口，扁鼓形腹，圈足外撇。颈、腹、足之四面均塑贴条形方棱，俗称"出戟"。通体施月白色釉，釉内气泡密集，釉面有棕眼。器身边棱处因高温烧成时釉层熔融垂流，致使釉层变薄，映现出呈黄褐色的胎骨。圈足内壁刻画数字"三"。此出戟尊风格古朴、庄重，为宋代宫廷使用的典型陈设用瓷。

钧窑传世代表作有北京故宫博物院收藏的月白釉出戟尊、上海博物馆收藏的月白釉出戟尊、台北"故宫博物院"收藏的丁香紫釉出戟尊等。

### 定窑

定窑是最早为北宋宫廷烧造御用瓷器的窑场，也是宋代五大名窑中唯一烧造白瓷的窑场。定窑窑址在河北曲阳。

定窑之所以能显赫天下，一方面是由于其瓷器色调上属于暖白色，细薄润滑的釉面白中微闪黄，给人以湿润恬静的美感；另一方面则由于其善于运用印花、刻花、划花等装饰技法，将白瓷从素白装饰推向了一个新阶段。定窑造型以盘、碗最多。元代文人刘祁在其《归潜志》中曾撰文赞扬定窑的精美，称"定州花瓷瓯，颜色天下白"。

定窑的传世代表作有北京故宫博物院收藏的白釉刻花牡丹纹折沿盘、白釉刻花渣斗、白釉印花菊凤纹盘。

# 服饰

宋代服饰是中国服饰发展史上的一颗明珠，其特点是修身适体，崇尚简朴务实、儒雅自然。服装款式上由上衣下裤取代了之前传统的上衣下裳，这如同分水岭一般奠定了此后中国服饰的基调。"偃武修文"是宋代的基本国策，使程朱理学逐步居于统治地位，在这种思想的支配下，人们的美学观念也相应发生变化，在服饰上形成了朴素和理性的基本特征。

在台州市黄岩区发掘的南宋赵伯沄（赵匡胤七世孙）墓中，清理出以丝绸服饰为主的五代十国至南宋文物 66 件。经专家初步鉴定，赵伯沄墓出土的丝绸服饰形制丰富、纹饰题材多样，织物品种齐备，具有很高的历史、艺术、科技、文化价值，堪称"宋服之冠"。出土的大量丝绸服饰保存较为完好，衣、裤、袜、鞋、靴、饰品等都有；纹样有花卉、花鸟、云鹤和杂宝等，材料包括绢、罗、纱、縠、绫、绵绸、刺绣等，完整体现了赵氏宗室成员的礼仪性服饰及日常穿着，尤其是尸身原位保存的丝绸服饰最能体现其身份和地位以及南宋时期宗室葬俗。该墓出土的丝绸文物不但可见南宋时期纤维、染料、制丝工艺、提花技术的高超，而且纹样设计轻淡、自然、简朴，具有典型的南宋意味。

尽管宋代理学思想盛行，皇帝对社会各阶层的服装做了极其严格的规定，朝廷也禁止多色印染，但规定阻止不了民众对流行的追求。工人另辟蹊径将金熔铸再进行精细加工成为金箔、金线、金饰等物饰，装点在衣服、雕像和摆设玩物上。为了装饰衣服，衍生出了销金、贴金、间金、戴金等数十种工艺，不仅是王公贵族，寻常百姓家的女性也都穿着带金的服装，贵族妇女在此基础上还会用珍珠等珍稀物品作为饰品，更显奢靡。

## 女性服饰

不同于绚丽多彩的唐代，宋代女性服饰在继承唐代女性服饰形制的同时，深受程朱理学的影响。服饰主体色彩不再像唐代时期流行艳丽的色彩，宋代服饰美学更趋于独特的素雅之美，以窄、瘦、长、奇为主要特征，风格趋以修长、简洁，朴素无华，色彩质朴而纯粹。在颜色上更偏向饱和度低的色系，常以青绿、浅粉、鹅黄、葱白、银灰、沉香、藕色等为主，整体清淡、柔和、典雅，给人一种端庄之美。

宋代女性服饰分三种：一是皇后、贵妃到各级命妇所用的公服；二是平民百姓用的吉凶服，也叫礼服；三是日常生活所穿的常服。普通妇女的常服可分为首服、体服、足服三个部分。首服主要有冠、帽、巾。宋代妇女日常体服仍主要是上襦下裙的样式：襦为上身的短衣，通常在上衣外面再穿一件对襟的长衫；裙子多以瘦窄的多褶裙为主，裙上除刺绣外，还用植物晕染，如郁金裙，即用郁金香草染成，不仅色彩鲜明，而且带有香气，这是当时广为流行的植物晕染方式。由于缠足开始兴起，妇女的鞋、袜种类出现了弓鞋、弓靴等。

女子服饰按不同形制来划分，上衣主要有袭衣（抹胸）、衫、襦袄、袍、褙子、半袖（半臂、背心）等。抹胸在宋代形成了一种别具特色的上装形式，时称"不制衿式"，即在内穿一件长抹胸，然后外罩一件褙子，衣襟敞开，不施衿纽。如此一来，原为内衣的抹胸也成了外装的一部分，这种"内衣外穿"的装束，充分显示女性曲线，可见当时着装风格的大胆奔放。

大袖衫对于宋代女子来说属于大礼服，一般在婚礼、受封等重要或特定的场合使用。并且着大袖衫时，常常还要配以精致华丽的首饰和妆容，包括发饰、面饰、耳饰、颈饰和胸饰等。大袖的基本样式为对襟、宽袖，衣长及膝，在衣服的领部、衣襟处都镶有花边，衣身后带有三角兜，用于装霞帔。

襦和袄都是较为短小的，既有宽袖，也有窄袖，腰身和袖口与之前朝代相比较为宽松，色彩多为低纯度的襦绿、粉、银灰，边缘处一般有刺绣或者拼接的缘饰。襦和袄都是宋代女子的日常服饰。

褙子是一种不分身份高低、全民皆可穿的衣服，最主要的特点就是对襟、窄袖，衣服两侧开衩，显得更加修身。穿起来不影响行动，灵活自如。

宋代女子极爱穿裙，宋代的裙子大多以罗制成，称"罗裙"。宋代长裙褶较多、裙围增大，不仅立体美观，还显瘦苗条，褶裥随着步态起伏而开合变化，极富美感。"叶叶忞忞换翠裙""碧染罗裙湘水浅""草色连天绿似裙""揉蓝衫子杏黄裙""娇儿两幅青布裙"，这些诗句都描述了宋代女子裙子的色彩，也足可见宋裙颜色丰富、绚丽多彩。裙子种类繁多，制作工艺亦精巧无比，有刺绣、晕染，也用郁金香草染裙，使裙子有郁金的颜色和香味。

除了在头发上装饰钗、簪外，宋代女子不论贫富，多爱戴花冠。她们常将桃、杏、荷、菊等四季花卉样式做在发髻上，称为"一年景"。

## 男性服饰

男性的服装规制基本与女性服装相同，男性除了公服（上朝时的官服），因品级不同而有颜色、配饰上的差异外，日常所穿的常服，无论是官员，还是寻常百姓，形制都大同小异，同样是用颜色加以区分。虽然男性的服装形制通用，但也具备独特的魅力。

宋代官服体现出中国古代官服一贯的等级性，其中对祭服的重视几乎达到了无以复加的程度，服制多次颁定又反复修改，同时规定了上至皇帝、太子、诸王及各级品官，下至黎庶等的各类服装。

宋代服饰文化的重要特点是儒雅化。"偃武修文"的基本国策，提高了文臣地位，极大地推动了教育的普及。宋代的高级将领，几乎都由文官担任，或者说宋代的高级将领，一般都是文武双全之才。所谓"儒将"和"儒帅"，便成为宋人品藻军事将帅的一种审美风范。在《历代名臣像》中，抗金英雄岳飞就是头束幅巾、身着圆领襕衫的儒将形象。宋代，形成了以琴、棋、书、画修身，以诗、词、歌、赋养性的习气，审美上偏向自然、简洁、素雅，追求"天人合一"的和谐之美。

上层男子服饰包括祭服、朝服、常服和时服等，其中祭服是古代祭祀时所用的礼服，为各类冠服中最庄严的服饰。皇帝官家最正式的服装是红色袍服，头戴梁冠，中国红凸显高贵明艳、自由真诚。宋代百官的官服，也特别有美感。三品以上穿紫色，五品穿朱，再下等官员穿绿穿青。

宋代一般男子服饰沿用唐制，有襦、袄、衫、袍、裤、裙、直缀、道衣、半臂、鹤氅、短后衣等，唐时的襕衫在北宋中晚期依然非常流行。宋代男子的着装方式有圆领宽袖或窄袖长袍与腰带、靴或履的搭配；有交领宽袖或窄袖长袍，腰系革带或帛带的搭配；有外罩直领对襟广袖长袍，内穿交领衫的搭配；有右衽交领广袖长袍，腰系革带或帛带的搭配；有短衫、襦或袄与长裤、靴或履的搭配；有外服及膝袍，内着短衫与裤，腰系革带或帛带的搭配等。由于身份地位的不同，服饰样式及搭配区别也较为明显。首服大都有幞头和裹巾，样式不一，随意性很强。足服大体为靴、履、草鞋或麻鞋等。

平时宋人的服装色彩，也多以淡蓝、浅黄、青、墨绿与白色等素雅颜色为主。从服饰上就可以看出，宋人不再追求雄伟壮观，更专注于表达自我，追求平淡天真、空灵素雅的意境之美。

## 蹴鞠服饰

宋代蹴鞠服饰的设计内涵相当独特，且制作工艺及套式类别异常丰富，表现出极为鲜明的时代特色及艺术特征，同时对当代体育服饰的设计也有很大的启示。

宋代是蹴鞠运动走向成熟的全盛时期，人们不仅仅是对踢球者的体能及蹴鞠技巧异常重视，还对蹴鞠者的服饰要求相当严格。蹴鞠服饰就是在进行蹴鞠运动时，人们所穿的服装及其配饰，其在宋代拥有了独特的艺术魅力。首先，服饰风格方面，蹴鞠服饰将一些生动的感性因子注入以朴素、严谨为主流的宋代服饰之中，将娱乐文化的那种轻松性及运动性很好地体现了出来。其次，服饰设计方面，蹴鞠服饰一方面强调其功能的重要性，另一方面还着重突出其独特的艺术魅力，特别是帝王贵胄为了实现自身娱乐的需要，便更进一步将蹴鞠服饰的设计观念凸显了出来。

根据蹴鞠者的身份以及职业的不同，宋代蹴鞠服饰的分类标准也多种多样。通常情况下，蹴鞠运动包括竞技、娱乐和表演等，因而蹴鞠服饰也可分为竞技类的服饰、娱乐类的服饰和表演类的服饰等。同时，由于参与蹴鞠运动的人群包括男子、女子和儿童等，蹴鞠服饰也因此各有差异。此外，根据蹴鞠者以及场外人士等角色的差异，蹴鞠服饰分成蹴鞠者服饰以及场外人士服饰两类。

《宋太祖蹴鞠图》里，宋太祖头上戴着软巾，身上穿着团领窄袖的袍子，腰上束着丝带，衣服的前摆被掖扎在绦边上，下身穿着长裤，脚上穿着一双丝质的布鞋；而其他的几个人，戴着纶巾，衣服的右衽与领袍交叉在一起，衣服前摆同样被掖扎在绦边上，下身穿着长裤，脚上穿着一双丝质的布鞋。

在一批 1957 年黄昇墓中出土的服饰当中，就有一件紫灰色的绉纱镶边褙子。一般说来，褙子包括宽袖和窄袖两种，而女子通常穿着窄袖的褙子进行蹴鞠运动。这种褙子穿在身上后，会敞开衣襟，并将里衣裸露出来。里衣的搭配也体现出当时的时代特点，除贴身穿的抹胸外，女子还将一件帛巾制的腹围束在衣服外面的腰上。这种服饰穿上以后，可以保持瘦小的下身，正好与宋代以女子病态、瘦小、弱不禁风为美的审美观点相符。

"孩儿蹴鞠图"磁州窑枕，画着一个儿童用左脚撑着地面，右脚向上高高抬起，准备踢球的生动画面。这个儿童头上梳着一对丫髻，上身穿着一件剪领形状的窄袖花褙，并在腰上束着一条丝带，下身穿着肥腿状的长裤，将前襟在腰间掖扎，以方便蹴鞠时候四肢的动作。儿童两只手向外张开，臂膀藏在袖子中，上身向前躬着，做好全神贯注准备踢球的姿势。

甚至鼓手啦啦队也有专用服饰。《东京梦华录》中记载了鼓手的服饰，曰："击鼓人背结宽袖，别套黄窄袖……黄义澜。"并且，其中对乐手的服饰也有记载，曰："教坊色长二人，皆诨裹……镀金凹面腰带。"其中，鼓手和乐手的服饰外形基本上都是宽袍和大袖，将表演效果及氛围完美地凸显了出来。

宋代蹴鞠服饰的穿着目的是进一步适应蹴鞠运动，通常将一些服装的穿法故意忽略不计，将其轻松自然的风格完美地呈现出来。宋代蹴鞠服饰已经具备了现代体育及休闲运动服饰的部分基本特点，而现代比赛的服装在色彩以及局部造型上的创新，也有与其一脉相承的地方。

# 荼蘼

"荼蘼，韶华胜极"，意指荼蘼花在春季末夏季初开花，凋谢后即表示花季结束，所以有完结的意思。

宋代王淇《春暮游小园》里的诗句："开到荼蘼花事了，丝丝天棘出莓墙。"荼蘼是春天的最后一种花，开到荼蘼了，春天就结束了，不能继续美丽了。这似乎是多么颓废的文字表达。王淇留传至今的诗词不多，但凭这句诗也足够让人记住了。

荼蘼，这样的花，在宋代居然是"网红"一般的存在，让万人喜爱，这是为什么呢？荼蘼在其他朝代不太流行，也就玩文字的士大夫略懂。宋人，对生活有极致追求，雅俗共赏，玩兴十足，是顶级生活家。宋人如此推崇荼蘼，体现了他们什么样的生活追求、什么样的生活境界、什么样的生活哲学、什么样的精神世界、什么样的审美认知？

## 荼蘼是什么

荼蘼，又名酴醾、重瓣空心泡，别名悬钩子蔷薇、山蔷薇、百宜枝、独步春。

荼蘼名字的由来：荼出自《荀子·大略》，原指古书上说的一种苦菜和茅草的白花。古同"涂"。蘼，出自《尔雅·释草》。荼与蘼结合而成的荼蘼，大概是一种有苦味的灌木，宋人认为它是悬钩子蔷薇，近现代的著名园艺大师黄岳渊所撰写的《花经》，也如此确认。

有些人把荼蘼与彼岸花做比较。荼蘼又叫佛见笑，"开到荼蘼花事了"，荼蘼是开在春天最后的花，等到荼蘼花也开完了，只剩下代表孤独寂寞的彼岸花。彼岸花，花开彼岸，先开花而后长叶，冬天叶子不落，夏天叶落休眠，花叶两不相见，生生相错。传说中，彼岸花开在黄泉路上，它被称为最悲伤的花。当然这是不同的花，荼蘼属于蔷薇科蔷薇属，彼岸花属于石蒜科石蒜属，前者一般开在春夏，后者开在秋天。但确实有些关联，都属于比较艳丽的品种，盛极而衰，都让人有点伤悲，有佛道禅语的意思。

古人也把荼蘼的花及果实用来酿酒，因此也有"酴醾"这样的写法。宋人把荼蘼酒酿出了新的高度，品出了新的高度，有了情感与情趣。

## 难得糊涂

荼蘼的荼通"涂"，宋人感觉荼蘼花蕴含着人生难得糊涂的气质，因此欣赏它，用它来借喻人生，今朝有酒今朝醉，难得糊涂亦潇洒。

一则荼蘼酒令的故事更是让人感觉宋人真是生活大师，人生难得糊涂品荼蘼。蜀公范镇居住的屋前有可以容纳几十个人坐于其下围案欢聚的庞大的荼蘼花架。每年春天，花季繁盛时，他于花架下广宴宾客。他们约定了一个世界上最独特的酒令——落花掉在谁的酒杯里，谁就把杯中酒喝干；微风吹拂，片片花瓣像雪一样洒满杯中、案上、座中人的衣襟……"飞英会"的主人范镇是司马光的知己好友，围绕着变法与否而个个大义凛然的政治风云中的主角们，在政治之外，却是这般清雅到极点的风流。这个故事，能说荼蘼是伤感的吗？这是人生难得糊涂的坦荡。

## 观王主簿家酴醿

黄庭坚

肌肤冰雪薰沈水，百草千花莫比芳。

露湿何郎试汤饼，日烘荀令炷炉香。

风流彻骨成春酒，梦寐宜人入枕囊。

输与能诗王主簿，瑶台影里据胡床。


　　荼蘼在宋时拥有着独一无二的尊贵地位，宋人爱极了这种洁白、茂盛而浓香的花卉，于是想到制作"荼蘼花香酒"。先把一种叫作"木香"的香料研磨成细末，投入酒瓶中，然后将酒瓶加以密封。到了饮酒的时候，开瓶取酒，酒液已经芳香四溢，这时再临时在酒面上洒满荼蘼花瓣，酒香闻来正如荼蘼花香，几乎难以分辨二者的区别。于是，浮着片片荼蘼花瓣的酒杯，便成就了宋人在暮春里的一场场欢会。


## 荼蘼

洪适

青条散蛟螭，素艳欺琼玖。

体薰尘外香，骨醉壶中酒。

### 荼蘼

朱熹

结檐遂芳植，覆墙拥深翠。

还当具春酒，与客花下醉。


### 野荼蘼

杨万里

去岁诸司赏物华，荼蘼一会属侬家。

今年不识荼蘼面，却买茅柴对野花。


## 活在当下

荼蘼的花语是末路之美，寓意着感情到了尽头，生命中最璀璨的爱即将逝去，也寓意着青春即将逝去，还寓意着最后的美丽，花语和寓意略显悲伤。随着白色的花瓣一片一片掉落，曾经的美好景象即将逝去，落花时节就是最后的美丽，所以也就有了末路之美的花语含义。

荼蘼，体现了"黑色幽默"的审美观。"黑色幽默"作为一种美学形式，属于喜剧范畴，但又是一种带有悲剧色彩的喜剧。其实，宋人生活的社会，一方面经济、科技、文化发展水平较发达，居于当时世界的顶峰；另一方面军力又比较弱，在与周边政权的战斗中几乎没有取得过胜利。出于这种悲喜交加的心理，宋人感觉荼蘼最能代表他们的心态，于是用荼蘼来表达他们活在当下，不与过去比较，活在自我欣赏里的心态。这是一种自我解嘲式的"黑色幽默"，看来，宋人早就具备"黑色幽默"

的审美观。

## 长相思令·小重山

### 吴淑姬

谢了荼蘼春事休。无多花片子，缀枝头。槐影碎被风揉，莺虽老，声尚带娇羞。

独自倚妆楼。一川烟草浪，衬云浮。不如归去下帘钩。心儿小，难着许多愁。

吴淑姬的这首词，是借阑珊的春意来伤景怀人，感叹人应该活在当下。

吴淑姬，被誉为"荼蘼女神"，生卒年不详，宋代著名女词人，湖州人。她大约生活在宋孝宗淳熙十二年（1185）前后。父亲是秀才。她虽家贫，但貌美，慧而能诗词，与李清照、朱淑真、张玉娘并称"宋代四大女词人"，著有词集《阳春白雪词》五卷。《花庵词选》中，黄昇认为其词"佳处不减李易安"（李易安即李清照）。

## 忧患意识

想来你不会相信，荼蘼的寂寞是花中最持久的，也是最独特的。荼蘼是春季最后盛放的鲜花，荼蘼花开过之后，人间再无芬芳，仿佛自己亲手造成了这一切。所以有人说，花的翅膀，到死亡才会懂得飞翔，无爱的土壤，要到死亡才会萌芽开花。

因此，荼蘼也让人充满了忧患意识。

唐代之前，对荼蘼的记载还不太常见，仅有的几首唐诗里提及"酴醾"，说的也都是酴醾酒。然而到了两宋时期，关于荼蘼的记录却突然暴增。南宋陈景沂撰《全芳备祖》（1255年成书），其中收录关于荼蘼的宋代诗词约103篇，而当时被称为花中之王的牡丹，也只有150篇。至于清代的《广群芳谱》中，收录历朝历代的荼蘼诗词共113篇，其中有106篇都来自宋代。荼蘼在宋代很流行，因为荼蘼的很多特质与宋人很相合，荼蘼的盛极而衰，让人因对未来和未知的迷茫而充满忧患。

荼蘼，是春天最后的绚烂，也是初夏的第一抹生机。苏东坡云："荼蘼不争春，寂寞开最晚。"荼蘼花开，便是夏日的来临。在文人墨客的眼中，荼蘼花开寓意着对青春已逝的无奈、对往事如烟的感慨和对似水流年的追忆。春天的身影渐渐远去，你听到夏天的脚步声了吗？荼蘼盛开，带来了宋人的风雅。

### 荼蘼

湛道山

雨后溪流半没沙，

粉墙卖酒是谁家。

客中不觉春深浅，

开了荼蘼一架花。

## 春暮游小园

王淇

一丛梅粉褪残妆，

涂抹新红上海棠。

开到荼蘼花事了，

丝丝天棘出莓墙。


　　读到"开到荼蘼花事了"一句时，真是为之动容。过去的时光从指尖偷偷溜走，可过去的回忆留在了每个人的心中。每每想起，又是怎样的心境呢？

# 家具

　　宋代政府对手工业和商业的开放与包容，带来了经济上的腾飞，物质基础的繁荣又反过来促进了社会百业发展，这是一个正向的良性循环。发达的手工业、开放的市场经济为市民阶层的崛起奠定了物质基础。随着底层民众思想的解放，许多能工巧匠有了用武之地，家具制作过程逐渐步骤化、标准化、模具化。大量新的家具器型涌现出来，宋代百姓的室内陈设样式众多，与唐代相比，家具款式也更加丰富。如椅凳、桌案、衣柜、衣架、屏风等应有尽有。其庞大的体系，几乎囊括了后来所有的家具种类，后世的家具中，都能找到宋代家具的基因。可以说宋代家具是中国家具史上的一个奇迹，前朝家具不断被改造，以适应新的审美和生活需求，新的家具器型不断诞生，中国家具体系日渐充盈。因此，宋代之于家具历史，正是处于承上启下的重要位置上。

## 艺术风格

　　在宋代，简朴的民间文化与当时文人所推崇的儒释道思想融合成理学，形成了一种清新雅致的审美取向，如苏轼所言："诗画本一律，天工与清新。"这种对天然清新的推崇，自然而然地延伸到了造物领域，也影响了宋代家具的艺术风格。宋代家具的艺术风格可概括为简洁、自然、质朴、雅趣，方正简洁是其最鲜明的艺术特征。典型的宋代家具有玫瑰椅（折背样）、四出头官帽椅、圈椅、水墨山水屏风、琴桌、鼓墩以及一系列方正平直的桌、几、架等。

宋代家具出现了"有束腰"家具与"无束腰"家具两大体系，以及由箱型结构向框架结构的较大转变，椅子的座屉从"两格角榫座屉"发展到"四格角榫座屉"，侧脚、攒框镶板等技术也更加成熟。同时，宋人还追求家具线条的简约美，宋代家具的基本造型剥除了繁复的装点，家具几乎被简化成线条，上到边抹，下到腿足，大到整件家具的架构，小至一个牙头的雕琢，无不是直线与曲线衍生而成的，无不体现着利落简练的特色。在细部装饰上，宋代家具比起其他朝代的家具少了大面积繁缛的雕饰，只在局部点缀以起到画龙点睛的作用。宋椅的背板、搭脑和扶手所形成的线条也自然流畅，与总体造型和谐无间。这样的做法也使得视觉上开阔疏朗，大大减轻了审美压力，如清风明月，美得清淡含蓄，又不失余味。

宋代家具在榫卯工艺上，取得了突破。受当时建筑的影响，大木梁架式的结构方式，被广泛用于家具设计和制作。这与家具的造型变化是相辅相成的。宋代家具造型充满线的变化，从边抹、帐子、腿足等部位的各式线脚，到装饰纹样中直线、曲线的熟稔运用，反映了中国传统艺术对"线"的厚爱，成为了不起的创造。

当然，与宋代士大夫阶层的"阳春白雪"相比，市民阶层的文化则显得"下里巴人"，其家具设计更倾向于实用便捷。市民阶层的家具外形简单粗糙，不注重士大夫们的人文情怀，也不像皇室那般体现出严格的等级制度，经久耐用是其设计的核心诉求。

据考古发掘中出土的宋代家具实物，如山西大同金代阎德源墓出土的杨木画屏、台座等物可知，宋代家具使用木材范围甚广，包括杨木、桐木、杉木等软木，楸木、杏木、榆木、柏木、枣木、楠木、梓木等柴木，另外亦有乌木、檀香木、花梨木（麝香木）等硬木。宋代家具虽然以使用就地取材的软木为主，但也不乏以硬木制作家具的做法。

除了木材，竹也是家具用材中的一个主角。在《六尊者像》《十八学士图》等宋代绘画作品中，我们便可以发现绘制得十分明确的竹制家具，甚至使用的还不是一般的竹材，而是湘妃竹，用它制作的椅类造型也颇多，包括扶手椅、靠背椅等，宋代家具的装饰其实是在本身的构件上做雕琢和改变，牙条、券口、矮老、卡子花、托泥等部件都可以在作为主要结构的同时，也成为一种装饰，兼顾了美观与实用。

## 文人家具

从使用阶层上看，宋代家具有宫廷家具、文人家具、民间家具和宗教家具之分。民间家具把实用性摆在最重要位置，宫廷家具讲究等级和威严。文人家具对后世的影响最大，也成为宋代家具的代表，在整体上改变了唐代家具富丽厚重的特色，趋于方正简洁，走向了以实用为主、崇尚简练的道路。

文人家具，讲究的是素雅自然、好玩实用、用着舒服。宋式家具的审美风格，正是宋代士大夫的雅致审美时尚在器物上的凝结，也是宋代文人闲适、优雅生活的折射。

宋代是一个尚文的国家，且"士大夫不以言获罪"，在这种环境里，文人是个比较幸福的群体。而文人，历史上是推动工艺美术发展的重要力量。宋代文人的审美呈现在家具上，已与唐代的艳丽之风不同，沉静典雅、平淡含蓄成为其主要的艺术格调。这与北宋以后"不在世间，而在心境"的时代精神相通。

苏轼说，"大凡为文，当使气象峥嵘，五色绚烂，渐老成熟，乃造平淡"，平淡美，便是文人士大夫大力倡导的审美潮流。这个时期，理学兴起而成为新儒学的一种，及至发展到后期将"理"视为自然万物的根本法则。宋人哲学理念反映在家具上，已趋于"谨严、平易、雅正、质朴及含蓄"。

以宋徽宗为代表的文人皇帝，将文人艺术推上了顶峰。他们不但把绘画、书法、瓷器等，推上了后世无法企及的高度，就连家具也是如此。《听琴图》里面的一桌一几，宋家具的精致线条可见一斑。

文震亨在《长物志》里，对文人家具做了非常清楚的描述：讲究定式，崇尚古制。每一件家具，用什么材料做，尺寸多少，功能是什么，都讲得非常清楚。而对于"定式"的追求，正是宋代工艺的重要特征。北宋李诫编修的《营造法式》中也有明确体现。文人家具的内核：朴素、雅直，对线条的精髓心领神会。正是这些形而上的内容，最终在审美观念上，铸就了宋代家具辉煌的可能。

## 椅与凳

唐与五代之前，人们往往盘腿坐或踞坐，因此家具比较低矮。从宋代开始席地起居习俗逐渐被垂足高坐所取代，高椅、高凳、高架、高桌、台案都已经出现，如《韩熙载夜宴图》中宰相韩熙载是坐在高背椅上的。从画上可以看到，人们使用的家具既有高型家具，也有矮型家具，它们被和谐地融于同一空间，却丝毫不令人觉得违和。

在矮型家具时代，也不会有椅，只有低矮的凳，包括长凳、方凳、圆凳、月牙凳等。《戏猫图》上就有一张铺了蓝色织物的长凳，上面趴着两只猫。椅与凳的差异其实并不是高与矮，因为到了高型家具时代，凳也发展出高脚。椅区别于凳的特征是出现了靠背。椅，宋人一般写成"倚"，显示出椅可以倚靠的功能。除了靠背椅，宋人还给椅子装上扶手，变成扶手椅。传为南宋刘松年的《十八学士图》（台北"故宫博物院"藏）中就画了一张靠背椅、一张扶手椅。总之，跟凳相比，椅更强调坐着的舒适感。

圈椅是宋代常见的款式，圆婉的圈背连着扶手，从高到低一顺而下，造型优美，体态丰满劲健，典雅大方。这种椅子在当下依然常见。

官帽椅则以其造型酷似古代官员的官帽而得名，因其高背的特点往往被大家用作主位。一般这种椅子指的是四出头官帽椅，也就是椅背上沿和扶手前侧都向外伸出来一些。

玫瑰椅经常出现在宋代文献中，类似我们今天的扶手椅，这种座椅外形纤细秀丽，一般扶手和靠背平齐或略低于靠背，小巧俊秀。从字形上看，"玫瑰"二字皆从"玉"，本义是一种美丽的玉石。玫瑰椅常出现在文人雅集的场所中，北宋画家李公麟的《西园雅集图》和南宋宫廷画家刘松年的《十八学士图》中都出现过。

不同家庭中使用的椅子，其原材料和结构也大有不同。比如丞相府中的椅子，是典型的文人椅。椅子呈现出竖长的结构，靠背和坐凳大概呈现出 90° 的直角结构。当丞相本人坐在椅子上办公时，他的背部会因为椅子靠背的作用而变得更为挺直。这样特殊的设计，其实也能从一定程度上减轻使用者本人的身体劳损。宋代靠背椅通常情况下分为两种，一种是直搭脑靠背椅，还有一种是曲搭脑靠背椅。而且靠背也有横向和纵向的，比较常用的就是直搭脑纵向靠背的椅子。

宋人还发明了一种造型特别的交椅，在交椅的靠背上方加了一个荷叶状的托。加荷叶托的目的是方便枕着假寐，可以仰首休息。交椅可以折叠，方便携带，所以在士大夫中非常流行。有些士大夫外出游玩，也会带着这种交椅。宋代佚名《春游晚归图》上，就画有一名仆人扛着一把交椅，随主人出游。

## 案几

在矮型家具时代，并没有桌，只有案。案是低矮的承具，有食案、书案、棋案、香案、画案等。到了高型家具时代，才出现了高脚的桌，有饭桌、书桌、棋桌、画桌等。桌，宋人写成"卓"，含有"卓立不群"之意，可见桌的特点是高立。

在宋代，传统的案逐渐向高型发展，案与桌的功能相近，但也有微妙的区别，一般来说，案越来越注重陈设功能，桌越来越注重实用功能。案一般为长方形，腿距离台面边缘有一段距离，比如书案、画案；而桌则为圆形，腿就在台面边缘。

和桌、案功能相近的还有几。几是宋人用来放置小型物品的承具，有茶几、花几、香几、宴几等。《唐五学士图》上就有一个红漆花几。最初的几是供席地而坐的人们靠背用的，到宋代后，一部分逐渐变高，成了花几、香几。《听琴图》中也有花几，是一个黑漆花几，造型非常雅致。另一部分则直接放在床榻上，成为榻几或者案几。床和榻都是可卧可坐的家具，宋代的床是摆放在卧室的卧具，而榻则是安放在书房、客厅的坐具，具有陈设的功能，也可用来躺卧、憩息，更像当今的沙发。

北宋黄伯思设计的《燕几图》最能体现宋代家具的理性色彩。燕几，即用于设宴的案几。图中所绘的燕几一套 7 张，包括长桌 2 张，中桌 2 张，小桌 3 张，可根据宴会的规模与场地的需要组成不同的布局，"燕衍之余，以之展经史、陈古玩，无施而不宜"，体现出了极高的实用价值。

从外观上来看，不管是桌子还是凳子，其造型都是简单实用的。桌腿和凳子腿都非常结实，使用的木材也非常坚硬，完全能够保证客人在就餐时的安全。有的地方桌凳呈现出较深的色泽，但是在普通街市之上，桌凳一般都呈现出较浅的颜色，这是因为浅色的木材更加便宜。宋代商品经济发展过程当中，商人在进行交易的时候自然也会考虑到生产成本问题。

一般来说，宋代的桌子都是方方正正的，有的桌子为长方形，有的桌子则是标准的正方形。这些桌子会被放置在房屋之内的空地，并且前后排列组合，看起来也会非常和谐。

除了桌、椅、床，宋代家具配饰的外形和风格也在改变。比如放置铜镜的镜架，宋代以前，高承具发展欠缺，镜子常由仕女捧着或者放置在站立式的高镜架上。到了宋代，随着桌案的升高，镜架也变得更为小巧。

宋人的审美兼具了大气风和实用风，他们在自己的家具选择上体现出了朴素的理念，也把大俗大雅的观念运用到极致。同时他们也会开发桌、凳不同的功能，以此提升自己的生活便捷性。

# 建筑

中华文明的发展史，也是一部建筑艺术发展史。中国古代涌现出许多建筑大师和建筑杰作，营造了许许多多传世的宫殿、陵墓、庙宇、园林、民宅等，其建筑形态及营造方式远播东亚各国。中国古代建筑不仅可供我国现代建筑设计借鉴，而且早已产生了世界性的影响，成为举世瞩目的文化遗产。

在中国历史长河中，宋代的建筑艺术占有突出地位。它不仅继承和发展了中国古代建筑艺术，更在总结与创新上体现了其独特的价值和艺术审美。宋代美学强烈的人文精神，以及至纯至雅的独特风貌，成就了中国审美之源。那轻盈深邃、朴雅隽永的世界，令世人魂牵梦绕。宋代建筑被人们誉为"古代建筑美学之首"。

中国古代建筑主要是木构架，从新石器时代的河姆渡开始，中国人就已经开始使用榫卯构筑木架房屋。发展到宋代，与建筑有关的技艺已经达到了很高的水平。宋代出现了各种形式复杂的殿阁楼台，主要以殿堂、寺塔和墓室建筑为代表，流行仿木构建筑形式的砖石塔和墓葬，创造了很多华丽精美的作品。装饰上多用彩绘、雕刻及琉璃砖瓦等，建筑构件开始趋向标准化，并有了建筑总结性著作如《木经》《营造法式》。

## 建筑之美

相较于唐代规模宏大的建筑，宋代建筑更偏向于精巧秀丽。宋代版图收缩，赵氏偏安一隅，从地理空间上来说就缩小了。当时整个民族的文化心态，有"内敛""内倾"的特性，在物质层面上一般不求其宏大，而在精神象征意义上具有深广的意蕴。另外，宋代士大夫审美偏向小而精，人们喜欢在小细节上做文章。

宋代打破里坊制度和宵禁制度，人们生活上的限制减少，同样也体现在居住环境的自由度上。为了增强室内采光与扩大空间，建筑师采用了减柱法和移柱法。梁柱上斗拱层数增多。从外观上看，屋脊和屋角有起翘之势。不像唐代浑厚的风格，而是给人一种轻柔的感觉。油漆被大量使用，房屋的颜色艳丽突出。窗棂、梁柱、石座等雕刻与彩绘十分丰富，造型变化多端。建筑组合加强了进深方向的空间层次，以小型建筑群衬托主体建筑。

宋代建筑物的类型多样，除了宫殿建筑，园林、书院、宗教建筑也十分繁荣，其中杰出的建筑是佛塔、石桥、木桥、园林、皇陵与宫殿。浙江杭州灵隐寺塔、河南开封繁塔等均是宋代砖石建筑的典范。

因为大江南北不同的自然环境、历史与文化背景，两宋建筑也有较大的差异。北宋的建筑密度小，布局严谨，风格雄伟；南宋的建筑密度大，布局灵活，风格秀丽。

## 宋代园林

宋代是中国古典园林设计营造的兴盛期，商业经济发展和城市功能的转型与升级，带来皇家园林、寺院园林、公共园林和私家园林的整体兴盛。

宋人在总结前人园林建筑理法的基础上，更熟练地将山水诗文、山水绘画融入山水园林的设计营造中，形成了宋代成熟的山水园林文化。注重意境的园林在这一时期开始兴起。中国古典园林重在写意，融自然美与人工美于一体，以建筑和人工建造的家用山水、岩壑、花木等一同表现某种艺术境界，较有代表性的宋代园林包括苏舜钦的沧浪亭和司马光的独乐园。

在宋代，园林叠石技术水平大为提升，出现了以叠石为业的"山匠"和"花园手"，品石已成为造园的要素之一，广泛应用于园林兴造。宋人认为"有水园亭活"，因而两宋园林几乎无园不水，甚至直接以园池命名。宋室南渡之后，建造于西湖边及周围群山之中的诸多园林，就是得自然之趣，借自然山水造园。宋代园林技术发达，观赏花木的栽培技术进一步发展，无性杂交的嫁接技术普遍应用于花卉栽培。

宋代古典园林充满诗情画意，虽由人作，但宛自天成，自然美与人工美得以完美结合；巧于因借，精在体宜，园内园外全入画，高坡低洼皆成景色；观物观我，境由心生，任凭云卷云舒，寄托胸中拔俗之志；壶中天地，芥子须弥，畅游人生，宇宙时空。北宋科学家沈括的梦溪园，充满神秘色彩，别有一番韵味。绍兴沈园，由一位沈姓绅士所建，占地约5万平方米，园内景点疏密有致，山水亭轩错落有序，花木扶疏成趣。更有南宋大诗人陆游与前妻唐婉在沈园相遇，他在园壁上题下了千古绝唱《钗头凤》一词。

宋代可以说是中国古典园林的成熟期。园林建筑极为兴盛，讲究花木之胜，建筑华丽精致。宋代园林在当时人们的生活中具有重要的作用，从其所属关系来看，可以分为皇家园林、私家园林、府署园林、寺院园林四大类，其中又以前两类最为盛行。

北宋都城开封的皇家园林较多，以大内后苑、艮岳、瑞圣园、琼林苑、金明池、宜春苑等为代表。而艮岳是北宋开封皇家园林中的代表作。南宋都城临安的皇家园林也不少，主要有皇宫后苑、德寿宫后苑、玉津园、聚景园、延祥园、庆乐园、集芳园、玉壶园、竺御园、富景园、屏山园、五柳园等。其中皇宫后苑又称大内御苑，位于今杭州市区凤凰山的西北部。

在私家园林方面，士大夫崇尚"天人合一"，主张以小巧精致为上。苏舜钦在苏州的沧浪亭和司马光在洛阳的独乐园是宋代私家园林的典型代表。

宋代古典园林建筑艺术能很好地诠释中国古代文化思想特征。宋人在建造皇宫正殿时采取严格的中轴对称的布局方式，表现以皇权为核心的等级观念。中轴线上的建筑高大华丽，轴线两侧的建筑低小简单，中轴线纵长深远，显示帝王宫殿的尊严华贵。地方衙署、官邸的空间布局也有中轴线的确定，讲对称，分正偏；讲等级，分主宾；讲尊卑，分上下。而在建造园林时，尤其是在建造私家园林时，宋人则放弃了这种布局，而采取写意式的山水园林布局法。在建筑上，宋人把公共空间与私人空间、做事空间与生活空间巧妙地分开了。在公共空间、做事空间遵循的是礼教秩序、道德规范，而在生活空间、私人空间则尊重人性本然、环境怡人养性。

## 《木经》

《木经》是喻皓所作。喻皓（生卒年不详），浙东人，是一位出身卑微的建筑工匠，生活的年代是五代末北宋初。他在北宋初年当过都料匠（掌管设计、施工的木工），长期从事建筑实践，主持建造开封开宝寺塔。在这长期的实践中，他勤于思索并善于向别人学习，因而在木结构建造技术方面积累了丰富的经验，尤其擅长建造多层的宝塔和楼阁。欧阳修《归田录》曾称赞他为"国朝以来木工一人而已"，沈括《梦溪笔谈·技艺》中也有记载。

宝塔是随着佛教的传入而进入中国的，是一种具有宗教象征的高层建筑。我国悠久的建塔历史是从东汉末年佛教传入中国以后才开始的。在用材上，有砖石、砖木等；在设计上，有方形、五角形、六角形、八角形、十二角形等，玲珑剔透，精巧美观，显示出科学和艺术的精美结合。喻皓继承并发扬了前人的建塔技术，尤其是在建造木结构高塔方面更有创造性地发展。同时，他看到建筑技术传授主要靠师徒传承的办法，没有一部专书来记述和总结这些经验，以致许多技术得不到交流和推广，甚至失传。为此，他决心把历代工匠和本人的经验编著成书。据说他每天深夜睡到床上，还把手交叉放在胸口，搭成木结构的形状，考虑怎样进行总结。经过多年的努力，他终于在晚年写成了《木经》三卷。《木经》的问世不仅促进了当时建筑技术的交流和提高，而且对后来建筑技术的发展产生了很大的影响。

喻皓痴迷建筑技术，同时也参与了当时著名建筑（喻皓观寺、喻皓定塔、开宝寺塔等）的建造设计。对于高层木结构的设计来说，风力是一项不可忽视的荷载因素。在当时条件下，喻皓能够做出这样细致周密的设计，是很了不起的创造。据说开宝寺塔建成后，喻皓曾求度为僧，数月后卒。可惜的是，这样一座建筑艺术精品，在宋仁宗庆历年间（1041—1048）的一次火灾中被烧毁，没有能够保存下来。

## 《营造法式》

纵览宋代的建筑艺术，《营造法式》体现了巨大的建筑成就，至今被中国木匠奉为经典。《营造法式》是宋代李诫创作的建筑学著作，是李诫在浙东平民工匠喻皓《木经》的基础上编成的，是北宋官方颁布的一部建筑设计、施工的规范书。《营造法式》是中国古代最完整的建筑技术书籍，标志着中国古代建筑已经发展到了较高阶段。

《营造法式》全书共 36 卷 357 篇 3555 条，是当时建筑设计与施工经验的集合与总结，并对后世产生深远影响。全书分为 5 个部分：释名、各作制度、功限、料例和图样。前面还有看样和目录各 1 卷。看样主要是说明各种以前的固定数据、做法规定及做法来由，如屋顶曲线的做法。

《营造法式》让我们知道宋代宫殿、寺庙、官署、府第等木构建筑所使用的方法，在实物遗存较少的情况下，能对当时建筑有非常详细的了解。《营造法式》的主要内容有以下几个特点：

第一，模数思想的制定和运用。大木作制度规定"材"的高度分为15"分"，而以 10"分"为其厚。斗栱的两层之间的高度定为 6"分"，称为"栔"。大木作的一切构件几乎全部是用"材""栔""分"来确定的。这是模数制在我国建筑业最早的运用，并且作为一种法规被确定在《营造法式》这部巨著中。

第二，设计的灵活性。《营造法式》第 3—15 卷中的"各作制度"，虽然对各工种的操作规程有相应的做法规定，但并未对群体建筑的布局和单体建筑的平面尺寸等有所限制；恰恰相反，《营造法式》内"各作制度"的条文后面都附有"随宜加减"的小注，以此告诉设计人员在各作制度的总原则下，对建筑单体和构件的比例、尺寸可以按照实际情况来确定，以充分发挥设计者的创造性。

第三，技术和经验的总结。为了施工时方便，"总例"中列举了圆、方、六棱、八棱等形体的径、周长和斜长的比例，以便施工时工匠们掌握。如：按传统的木构架结构规定，凡是立柱都有"侧脚"（即柱础），柱头向内微倾约1%，同时廊柱的边柱（四角柱）有"升起"，就是柱的高度从中柱向两端逐渐加高。这样，整个建筑木构架产生向内倾斜的倾向，客观上增加了建筑物的稳定性，也为屋顶部分四角的飞檐创造条件。在横梁与立柱交接处用斗拱支托，既美观又可减少梁端剪力，只是复杂的斗拱结构的榫卯"绞割"往往会减少每个构件断面的1/3—1/2，是个重要缺点，《营造法式》中对此规定了较合理的"绞割"比例和位置。

第四，装饰与结构的统一。《营造法式》对石作、砖作、小木作、彩画等都有详细的说明和图样，明显地体现出宋代建筑在艺术形象和雕刻装饰等加工工艺方面比唐代建筑更精致、更全面。柱梁、斗拱等木构件，在规定它们的结构尺寸和构造方法的同时，也规定了它们的艺术加工方法，如梁、柱、斗拱、椽头等构件的轮廓和曲线，就是用"卷杀"的方法（就是按比例、分段作圆弧曲线的方法）进行制作的，利用结构构件本身，只是稍做适当地艺术加工，使它兼有受力和装饰效果。这是我国古代木构架建筑的特征之一，也是中国建筑文化对人类文明的贡献。

第五，建筑生产管理的严密性。在全书36卷中，用13卷的篇幅来叙述功限（劳动定额）和料例（材料消耗定额和质量标准），足见施工管理的重要性。在计算劳动定额时，首先按四季白天的长短分为中工（春、秋）、长工（夏）和短工（冬）3种工种，工值以中工为准，长、短工各增或减10%，而军工、雇工还有不同的定额；其次，对每一工种的不同构件（或部位），按等级、大小和质量要求，如运输距离远近、水流的顺流或逆流、所加工木材的软硬等，分别规定了工值的计算方法。料例部分，各种材料的消耗都有详细而具体的定额，执行起来十分方便。

可见，《营造法式》就是当时的建筑法规。有了它，无论是对群体建筑的布局设计和单体建筑及构件的比例、尺寸的确定，还是编制各工种的用工计划、工程总造价，抑或是编制各工种之间的先后顺序、相互关系（相当于现在的施工组织设计和进度计划）和质量标准都有例可依。直到明代，苏州、徽州、赣东北等地仍保留着梭柱、月梁、板壁隔断等宋代旧法。

北宋崇宁二年（1103）钦定李诫重修《营造法式》，崇宁四年（1105）刊行于开封府。后世称为崇宁刊本。绍兴十五年（1145）重刊《营造法式》。

## 代表建筑

### 河北正定隆兴寺

河北正定隆兴寺是我国规模最完整的宋代建筑群，寺内沿中轴线由南向北依次是天王殿、大觉六师殿（遗址）、摩尼殿、慈氏阁、转轮藏阁、大悲阁，以及两侧御书楼和集庆阁。隆兴寺始建于隋开皇六年（586），原名"龙藏寺"。宋开宝四年（971），太祖赵匡胤敕令在龙藏寺内铸造铜佛并盖大悲阁，遂大兴土木，以大悲阁为主体的一组宋代建筑先后告成。到了清康熙、乾隆年间又两次大规模维修和增建，寺院发展到鼎盛时期。

清康熙四十八年（1709）改龙藏寺为隆兴寺。

景祐元年（1034），宋仁宗亲政，立真定（正定）曹氏为皇后。敕令在皇后的家乡真定建造天王殿，以"庄严国土，利乐有情"，祈求"风调雨顺，国泰民安"。《大宋重修铸镇州隆兴寺大悲像并阁碑铭并序》（简称"田锡碑"）记载，太平兴国七年（982）八月，琼法和尚奉旨到隆兴寺，专门主管寺内殿阁建设。修建长廊、房舍使之更加完备周全，修建巍峨的御书楼与集庆阁使之更加庄严肃穆。7年以后工程完工，长廊如飞鸟展翅，回环掩映着成千的楹柱，层层殿门宏壮美丽，开阔而四通八达。

寺内6处文物堪称全国之最：被古建专家梁思成先生誉为"罕见珍例"的建筑孤例摩尼殿、摩尼殿中被鲁迅先生誉为"东方美神"的倒坐观音、我国早期最大的转轮藏、被推崇为"隋碑第一"的龙藏寺碑、我国古代最高大的铜铸大佛、我国古代最精美的铜铸毗卢佛。

**山西太原晋祠**

山西太原晋祠位于山西省太原市西南郊25公里处。晋祠始建于北魏前，为纪念周武王次子叔虞而建。这里殿宇、亭台、楼阁、桥、树互相映衬，山环水绕，文物荟萃，古木参天，是一处风景十分优美的古建园林，被誉为山西的"小江南"，是一处国家少有的大型祠堂式古典园林，驰名中外。其主殿圣母殿和"鱼沼飞梁"是北宋遗物。其标志性建筑"圣母殿"创建于北宋天圣年间（1023—1031），是现在晋祠内最为古老的建筑。

圣母殿是晋祠的主殿，是晋祠内主要建筑，坐西向东，位于中轴线终端，是为奉祀姜子牙的女儿、周武王的妻子、周成王的母亲邑姜而建的。殿面阔7间，进深6间，重檐歇山顶，黄绿色琉璃瓦剪边，殿高19米。

殿前 8 根廊柱上分别缠绕着木雕蟠龙 8 条，盘曲自如，鳞爪有力，昂首竖角，张口向前，极尽庄严威仪。圣母殿斗拱（下檐）与柱高之比，从前面东大殿、万佛殿、华林寺正殿系列建筑的 1 ： 2 左右，缩小至约 1 ： 3。

殿身柱网配置以廊柱和檐柱两周合成，为了形成一个前深 2 间宽阔前廊，左右后 3 面为深 1 间的回廊，即《营造法式》所载"副阶周匝"的做法。

### 宁波保国寺

宁波保国寺位于浙江省宁波市西 15 公里的灵山上，相传始建于东汉，原名灵山寺，唐末改今名。大殿建于宋大中祥符六年（1013）。除大殿外保国寺其他殿堂都是清代建筑。保国寺大殿和同时期的建筑相比，有其独特的手法和特点。这是由于江南厅堂在长期的发展过程中，形成了成熟稳定的地域性构架体系和技术特征。保国寺大殿反映了五代以来江南厅堂的构架技术传统，是江南早期厅堂的典型代表。因此保国寺大殿对于研究《营造法式》与北宋建筑具有重要意义。

从大殿现状平面图可以看出，保国寺大殿现为面阔 7 间、进深 6 间的重檐歇山顶建筑，其中下檐于康熙二十三年（1684）所添加。中央面阔 3 间、进深 3 间，为宋构部分，这种平面布置在江南非常常见，现存的很多宋元遗构都采用了这种平面布置。这种平面也有相当大的灵活度——可以通过改变单间面阔和构架来适应不同的规模需求。

# 后记

　　宋人对自己创造的文明，无疑是充满自信，也是充满自豪的。这不仅仅体现在当权阶层，而且体现在民间大众上。人们把能体现宋代当时经济科技文化先进水平的社会百态，称为"韵"。人们通过自称"韵"来区别于过去社会，来代表宋代文化文明的高度。宋人也常常将自己与唐代相比，这主要是因为唐的灭亡与宋的建立之间虽隔了五代十国，但时间上只隔了53年。宋代的创立者，以及社会各阶层，可能出生在唐末，对唐代的发达文化和文明还有些记忆。那些记忆，能引导他们的努力方向，激起他们的奋斗热情，甚至激扬他们的创新精神，一种超越唐代荣耀的情怀油然而生。他们似乎天生就为这样一种使命而来，来绽放属于他们的"宋韵"，向世界，向天下证明宋代的强大。虽然宋代在军事上相对较弱，但其实这个也只是相对，因为客观上在宋代，西方和北方的少数民族政权比较强大，这种政治军事环境是没法自主选择和改变的。

　　宋人言必称"韵"，所有社会政治经济活动处处都体现出韵味。正是因为政治开明、人尽其才和创业创新，宋代整个社会才呈现出积极向上、万象更新的局面。经济、文化、科技的持续发展，推动了社会文明的不断进步。毋庸讳言，"宋韵"文明为宋赢得了世界的尊重和肯定，也是中华传统优秀文化的杰出代表。

　　对于宋代在中国历史上的地位，近代以来的一些国学大师、学界泰斗、专家学者有过明确而客观的评价。启蒙主义思想家严复先生曾经说过："古人好读前四史（《史记》《汉书》《后汉书》《三国志》），亦以其文字耳。若研究人心，政俗之变，则赵宋一代历史最宜究心。中国所以成为今日现象者，为善为恶姑不具论，而为宋人之所造就，什八九可断言也。"一代史学宗师陈寅恪先生如此说："华夏民族之文化，历数千载之演进，造极于赵宋之世。后渐衰微，终必复振。"国学大家钱穆先生说："论中国古今社会之变，最要在宋代。宋以前，大体可称为古代中国；宋以后，乃为后代中国。就宋代而言之，政治经济、社会人生，较之前代莫不有变。"宋史研究泰斗邓广铭先生认为："宋代是中国封建社会发展的最高阶段，其物质文明和精神文明所达到的高度，在中国整个封建社会历史时期之内，可以说是空前绝后的。"

国外学者对宋韵文明的评价非常之高。法国汉学家白乐日认为，"宋代比西方更早成为现代的拂晓时辰"；另一个法国汉学家谢和耐说，"中国是当时世界首屈一指的国家，其自豪足以认为世界其他各地皆为化外之邦"；美国汉学家孙隆基在《全球视野中的中国千年》一文中指出，"宋朝是世界近代化的序幕，比西方提早500年"；日本京都学派宫崎市定认为，"宋朝是中国的文艺复兴时期"；等等。我们不去争论社会形态，但从客观上说，宋代经济和社会组织确实出现了资本主义的某些萌芽，也使宋韵有了非常深厚的社会土壤。

研究和广泛传播宋韵文明，在当前有非常突出的现实意义。浙江作为中华文明的重要发源地之一，是极具文化创新力和文化标志性的地区。从史前文明到近代，浙江文化弦歌不绝，出现过数次繁荣发展的高峰。以"五千年文明圣地"良渚文化为主体的史前文化高峰，南宋定都临安后高度繁荣的宋韵文化，以及明清以后浙江成为全国无可争议的财富命脉和文化重镇，无一不为浙江社会经济的高度发达埋下了伏笔。在这片土地上，绵延数千年的浙江文化，宛如钱塘江水，藏珍纳景，激波扬涛，蔚为大观。中共浙江省委自觉担负赓续中华文脉的时代使命，从厚重的文化传承中汲取更基本、更深沉、更持久的力量，为浙江建设中国特色社会主义贡献重要的文化智慧与时代价值。

2021 年 8 月 31 日召开的浙江省委文化工作会议，提出加快打造新时代文化高地，为打造"重要窗口"、争创社会主义现代化先行省、高质量发展建设共同富裕示范区铸魂塑形赋能。随后，正式发布了《中共浙江省委关于加快推进新时代文化浙江工程的意见》。该意见指出，实施宋韵文化传世工程，系统开展宋韵文化研究传承和南宋文化品牌塑造，从思想、制度、经济、社会、百姓生活、文学艺术、建筑和宗教等方面，展现多元包容、百工竞巧、追求卓越、风雅精致的宋韵文化气象。要打造各种展示平台，利用线上线下、校内小区、文创博览等，推动宋韵文化所具有的真善美在国内外有效推广开来，成为在浙江大地上矗立起的真正代表中国形象、体现东方智慧、具有世界影响的国家级文化标识。由此，宋韵文化作为浙江文化的重要标识，正式问世。

中共浙江省委以对标看齐、走在前列的政治担当，坚定不移地沿着习近平总书记指引的路子走下去，把习近平总书记的殷殷嘱托和殷切期望转化为实际行动，用宋韵来落实"历史和现实交汇的独特韵味"，在浙江大地上矗立起真正代表中国形象、体现东方智慧、具有世界影响的国家级文化标识，一以贯之地深化文化建设"八项工程"，谋好新时代浙江文化建设新篇。

2016 年 7 月 1 日，习近平总书记在庆祝中国共产党成立 95 周年大会上明确提出"四个自信"，中国共产党人"坚持不忘初心、继续前进"，就要坚定"四个自信"，即"中国特色社会主义道路自信、理论自信、制度自信、文化自信"。中国人的文化自信，很重要的就是从中华民族的传统优秀文化中汲取营养，使其成为推动中华民族伟大复兴的强大动力。文化是发展的最深层动力，是浙江的最鲜明特质，也是共同富裕的最亮丽底色。

本书在编撰的过程中，参考了很多典籍和专著，因为篇幅所限，所以不一一标注，在此向所有前辈和宋韵研究学者表示感谢。

本书是浙江省社科联普及项目（23KPD19YB）的研究成果之一，项目组成员还有绍兴市社科联的章燕老师、杭州图书馆的冯亚惠副研究馆员、浙江工业大学的王真慧副教授及黄红伟老师，他们对图书的整理出版也付出了心血。图书的宋韵插花插页是插花专家黄红伟老师（觉简）的作品，为本书增添了不少的韵味和雅趣，同时还要感谢何玉珍老师为插花作品图片做了后期处理。图书在编辑出版的过程中还得到了浙江大涵文化创意股份有限公司彭春友总经理和陈鑫编辑的大力支持，同时也衷心感谢浙江工商大学出版社王黎明编辑的指导和帮助。

自 2022 年浙江工业大学之江学院宋韵文化与美好生活研究中心成立以来，团队积极开展宋韵文化、共同富裕与美好生活的研究，本书也是研究中心的研究成果之一，今后我们还将围绕着宋韵文化传播传承和美好生活开展更深入的研究。喜爱宋韵，传播宋韵，是我们编写图书的初衷，因为能力和水平有限，书中不免有错漏，恳请读者批评指正。